Mahboobeh Hassani
Zeynab Abbaspour

Eine neue Vision für juristische Studiengänge in der arabischen Welt

Mahboobeh Hassani
Zeynab Abbaspour

Eine neue Vision für juristische Studiengänge in der arabischen Welt

Rechtliche Bildung im Wandel: Tradition und InnovationenEin zukunftsorientiertes Curriculum

Lehrbuchverlag

Publisher:
Der Lehrbuchverlag
is a trademark of
Dodo Books Indian Ocean Ltd. and OmniScriptum S.R.L publishing group

120 High Road, East Finchley, London, N2 9ED, United Kingdom
Str. Armeneasca 28/1, office 1, Chisinau MD-2012, Republic of Moldova, Europe
Managing Directors: Ieva Konstantinova, Victoria Ursu
info@omniscriptum.com

Printed at: see last page
ISBN: 978-620-9-22289-4

Eine neue Vision für juristische Studiengänge in der arabischen Welt

Schriftsteller:

Mahboobeh Hassani

Zeynab Abbaspour

2025

Vorwort

Die Rechtslandschaft der arabischen Welt befindet sich an einem Wendepunkt. Angesichts tiefgreifender wirtschaftlicher Transformationen, technologischer Umbrüche und komplexer geopolitischer Realitäten ist der Bedarf an einer neuen Generation agiler und ethisch gefestigter Juristen so groß wie nie zuvor. Doch die Ausbildungsstrukturen dieser zukünftigen Fachkräfte verharren oft in der Vergangenheit. Dieses Buch basiert auf der Überzeugung, dass unsere gegenwärtigen Modelle der juristischen Ausbildung den Anforderungen des 21. Jahrhunderts grundlegend nicht gerecht werden und dass eine mutige, strukturelle Reform nicht nur eine akademische Übung, sondern eine dringende Notwendigkeit für den Fortschritt der Region darstellt.

Jahrzehntelang lag der Schwerpunkt der juristischen Ausbildung in vielen arabischen Ländern auf theoretischem Wissen und dem Auswendiglernen von Gesetzestexten. Diese Methode gewährleistet zwar die Vertrautheit mit den Rechtsgrundsätzen, hat aber einen hohen Preis: die systematische Vernachlässigung praktischer Fähigkeiten, kritischen Denkens und ethischer Urteilsfähigkeit, die für eine kompetente Rechtspraxis unerlässlich sind. Die Folge ist eine zunehmende Kluft zwischen Hörsaal und Gerichtssaal, wodurch Absolventen unzureichend auf die Realitäten der Mandantenbetreuung, komplexer Verhandlungen oder die ethischen Dilemmata der modernen juristischen Arbeit vorbereitet sind.

Diese Arbeit zielt nicht darauf ab, das reiche intellektuelle Erbe des arabischen Rechtsdenkens zu verwerfen. Im Gegenteil, sie plädiert für eine durchdachte Synthese. Wir müssen das tiefgründige Erbe der islamischen Jurisprudenz (Fiqh) mit ihrem Fokus auf differenzierter Interpretation und ethischer Argumentation würdigen und gleichzeitig die besten globalen pädagogischen Innovationen mutig integrieren. Ziel ist es, ein Bildungsmodell zu schaffen, das sowohl authentisch in der Kultur der Region verwurzelt als auch intellektuell offen für die Welt ist.

Der Kern dieses Buches ist ein umfassender Entwurf für einen Wandel. Er geht über oberflächliche Kritik hinaus und bietet ein detailliertes, strukturiertes Modell für ein vierjähriges Bachelorstudium. Dieses Modell gestaltet den Lehrplan neu, indem es Theorie und Praxis vom ersten Tag an integriert, klinische Rechtsausbildung und simulationsbasiertes Lernen als Kernbestandteile einführt und die Studieninhalte modernisiert, um wichtige Bereiche wie Technologierecht und internationale Schiedsgerichtsbarkeit einzubeziehen.

Wir sind uns der Herausforderungen bei der Umsetzung vollkommen bewusst. Festgefahrene institutionelle Gewohnheiten, Ressourcenknappheit und bürokratische Trägheit stellen gewaltige Hindernisse dar. Doch die Kosten des Nichtstuns – eine Generation von Juristen, die nicht darauf vorbereitet sind, ihre Gesellschaften durch komplexe Herausforderungen zu führen – sind weitaus höher. Dieses Buch ist daher ein Aufruf an Dekane, Dozenten, politische Entscheidungsträger und Praktiker, die schwierige, aber unerlässliche Transformationsarbeit in Angriff zu nehmen.

Dieser Band soll den Anstoß zu einem längst überfälligen Dialog geben. Er soll Debatten anregen, Innovationen fördern und einen praktischen Rahmen für all jene bieten, die ein dynamischeres, effektiveres und gerechteres juristisches Ausbildungssystem aufbauen wollen. Dieser Weg erfordert Mut und Zusammenarbeit, doch der mögliche Lohn – eine Juristerei, die den Erwartungen der arabischen Bevölkerung gerecht wird – ist ein Ziel, das unsere größten Anstrengungen verdient.

Inhalt

Kapitel 1: Einleitung: Die dringende Notwendigkeit einer Reform der arabischen Rechtsausbildung

1.1. Begründung und Forschungsproblem

Die gegenwärtige globale Lage stellt Juristen vor beispiellose Herausforderungen, die mehr als nur theoretisches Wissen erfordern. In der arabischen Welt herrscht jedoch unter Lehrenden, Praktikern und politischen Entscheidungsträgern zunehmend Einigkeit darüber, dass die juristische Ausbildung an Universitäten diesen Anforderungen nicht gerecht wird. Diese Diskrepanz betrifft nicht nur die Studieninhalte, sondern stellt eine grundlegende Strukturkrise dar, die die Fähigkeit der Region zu nachhaltiger Entwicklung, effektiver Regierungsführung und globaler Integration untergräbt. Anlass für diese Forschung ist die dringende Notwendigkeit, diese kritische Lücke zwischen den aktuellen Absolventen juristischer Fakultäten und den komplexen Anforderungen des Rechtsumfelds des 21. Jahrhunderts zu schließen.

Im Zentrum dieses Forschungsproblems steht eine spürbare Unzufriedenheit verschiedener Interessengruppen. Partner von Anwaltskanzleien berichten übereinstimmend, dass Hochschulabsolventen umfangreiche Nachschulungen benötigen, um grundlegende juristische Aufgaben zu bewältigen, während Justizbeamte einen Rückgang der Qualität der Argumentation und der juristischen Argumentation junger Juristen feststellen. Gleichzeitig äußern

Studierende selbst Frustration über ihre Ausbildung, die ihrer Ansicht nach nicht mit der praktischen Realität der Rechtspraxis und der Dynamik der globalen Rechtsprechung übereinstimmt. Diese vielschichtige Unzufriedenheit deutet auf ein systemisches Versagen hin, das eine umfassende Untersuchung und Lösungsansätze erfordert.

Das Problem wird durch den rasanten weltweiten rechtlichen und technologischen Wandel zusätzlich verschärft. Neue Rechtsgebiete wie Cyberrecht, die Regulierung künstlicher Intelligenz und die internationale Handelsschiedsgerichtsbarkeit verändern den globalen Rechtsmarkt grundlegend. Dennoch verharren die Lehrpläne vieler arabischer juristischer Fakultäten in Paradigmen der Mitte des 20. Jahrhunderts, wodurch Absolventen weder auf den lokalen technologischen Fortschritt noch auf die internationale Rechtspraxis ausreichend vorbereitet sind. Dies führt zu einer gefährlichen Kompetenzlücke, die sowohl die nationale Wettbewerbsfähigkeit als auch die individuellen Karrierechancen beeinträchtigt.

Erschwerend kommt der einzigartige sozio-rechtliche Kontext arabischer Länder hinzu, deren Rechtssysteme oft komplexe Mischformen aus zivilrechtlichen Traditionen, islamischer Jurisprudenz und modernen Verfassungsrahmen darstellen. Das gegenwärtige Bildungsmodell vermittelt

Studierenden häufig nicht die analytischen Werkzeuge, die sie benötigen, um sich in diesem juristischen Pluralismus effektiv zurechtzufinden. Stattdessen werden diese Rechtstraditionen oft als getrennte, mitunter widersprüchliche Bereiche dargestellt, ohne die Methodik ihrer Synthese und praktischen Anwendung in der modernen Rechtspraxis zu lehren.

Aus entwicklungspolitischer Sicht beeinflusst die Qualität der juristischen Ausbildung unmittelbar die Fähigkeit eines Landes, Investitionen anzuziehen, regulatorische Stabilität zu gewährleisten und Menschenrechte zu schützen. Eine mangelhafte juristische Ausbildung führt zu Juristen, die nicht in der Lage sind, anspruchsvolle Gesetze zu entwerfen, komplexe internationale Abkommen auszuhandeln oder tragfähige Justizinstitutionen aufzubauen. Daher geht die Forschungsfrage über akademische Belange hinaus und berührt grundlegende Fragen der wirtschaftlichen Entwicklung, der sozialen Gerechtigkeit und des institutionellen Kapazitätsaufbaus in der gesamten arabischen Region.

Die demografische Dimension verleiht der Situation zusätzliche Dringlichkeit. Die arabische Welt hat eine der jüngsten Bevölkerungen weltweit, und jedes Jahr beginnen Millionen junger Menschen ein Hochschulstudium. Jura ist nach wie vor ein überaus beliebtes Studienfach, weshalb die Qualität der juristischen Ausbildung von strategischer Bedeutung ist, um dieses Potenzial junger

Menschen zu nutzen. Eine veraltete Bildungsstruktur verschwendet nicht nur menschliches Potenzial, sondern stellt auch eine verpasste Chance dar, die juristischen Innovatoren auszubilden, die zur Bewältigung der drängendsten Herausforderungen der Region benötigt werden.

Die bisherige Literatur zur Reform der juristischen Ausbildung konzentriert sich überwiegend auf westliche Modelle, insbesondere auf amerikanische und europäische Systeme. Diese Studien sind zwar wertvoll, vernachlässigen aber häufig die spezifischen historischen, kulturellen und institutionellen Gegebenheiten der arabischen juristischen Ausbildung. Die vorliegende Arbeit zielt darauf ab, diese Forschungslücke zu schließen, indem sie einen Reformvorschlag entwickelt, der sowohl global fundiert als auch lokal verankert ist und die besonderen Herausforderungen und Chancen arabischer juristischer Fakultäten berücksichtigt.

Das Forschungsproblem wird durch mehrere miteinander verknüpfte Widersprüche innerhalb des bestehenden Systems weiter präzisiert. Es besteht ein Widerspruch zwischen dem erklärten Ziel, praxisorientierte Juristen auszubilden, und dem überwiegend theoretischen Charakter der Lehre. Es besteht ein Widerspruch zwischen dem Bedarf an spezialisierter juristischer Expertise und der starren, standardisierten Lehrplanstruktur. Vor allem aber besteht ein Widerspruch zwischen dem dynamischen, interpretativen Charakter des Rechts als Disziplin und den passiven, auf Auswendiglernen basierenden pädagogischen Ansätzen, die den Unterricht dominieren.

Methodisch erfordert das Verständnis dieses Forschungsproblems die gleichzeitige Betrachtung mehrerer Dimensionen. Es bedarf einer historischen Analyse, um die Entstehung der gegenwärtigen Strukturen zu verstehen, einer vergleichenden Studie zur Identifizierung alternativer Ansätze und einer empirischen Untersuchung zur Dokumentation der spezifischen Mängel der bestehenden Systeme. Nur durch einen solch umfassenden Ansatz lässt sich das Forschungsproblem adäquat formulieren und wirksame Lösungen vorschlagen .

Die Dringlichkeit, dieses Forschungsproblem anzugehen, wird durch die gleichzeitig stattfindenden Wellen der digitalen Transformation, der wirtschaftlichen Diversifizierungsbestrebungen und der Verfassungsreformen in vielen arabischen Staaten noch verstärkt. Diese Entwicklungen schaffen sowohl die Notwendigkeit als auch die Chance für parallele Reformen der juristischen Ausbildung. Ein Versäumnis, jetzt zu handeln, birgt die Gefahr, dass die juristische Ausbildung in der Region verkümmert – gerade in einer Zeit, in der ihr Beitrag zu den nationalen Entwicklungsstrategien am dringendsten benötigt wird.

Aus theoretischer Sicht befasst sich diese Studie mit wichtigen Fragen zum Zweck der juristischen Ausbildung in Entwicklungsländern. Sie hinterfragt die Annahme, dass Bildungsmodelle ohne wesentliche Anpassungen einfach von einem Kontext auf einen anderen übertragen werden können. Zudem untersucht sie das Spannungsverhältnis zwischen dem Erhalt des juristischen Erbes und der Anwendung internationaler Best Practices sowie zwischen der Berücksichtigung nationaler Prioritäten und der Vorbereitung der Studierenden auf internationale Karrieren.

Im Zentrum der Forschungsfrage steht letztlich die Frage: Wie sähe ein strukturiertes, nachhaltiges und kontextuell angemessenes Modell der juristischen Grundausbildung für arabische Länder im 21. Jahrhundert aus? Um diese Frage zu beantworten, bedarf es konstruktiver Vorschläge – mehr als nur der Identifizierung von Fehlern; mehr als nur der Vision einer möglichen Zukunft. Ziel dieser Forschung ist es, diese umfassende Vision zu liefern, untermauert durch detaillierte Strukturpläne und Umsetzungsstrategien.

Die Bedeutung der Auseinandersetzung mit diesem Forschungsproblem kann nicht hoch genug eingeschätzt werden. Die Zukunft der juristischen Professionalität, die Qualität der Regierungsführung, der Schutz der Rechte und der Erfolg wirtschaftlicher Transformationsinitiativen in der arabischen Welt hängen maßgeblich von den heute ausgebildeten Juristen ab. Durch die systematische Bearbeitung dieses Problems will diese Forschung nicht nur zum akademischen Diskurs beitragen, sondern auch die juristische Ausbildung konkret verbessern und damit die Entwicklung der arabischen Gesellschaften insgesamt fördern.

1.2. Forschungsfragen und -ziele

Die Untersuchung zur Reform der juristischen Ausbildung in arabischen Ländern erfordert präzise Forschungsfragen, die die identifizierten komplexen Herausforderungen systematisch analysieren. Die zentrale Forschungsfrage dieser Studie lautet: Wie kann die juristische Ausbildung in arabischen Ländern strukturell so umgestaltet werden , dass Absolventen besser auf die Anforderungen der juristischen Praxis im 21. Jahrhundert vorbereitet werden, unter Berücksichtigung regionaler Rechtstraditionen und lokaler Entwicklungsbedürfnisse? Diese zentrale Fragestellung führt zu mehreren Unterfragen, die das analytische Fundament dieser Forschung bilden.

Ein zentraler Fragebogen untersucht die historischen und philosophischen Grundlagen aktueller Bildungsmodelle. Welche spezifischen historischen Faktoren – koloniales Erbe, Entscheidungen nach der Unabhängigkeit, Globalisierungsdruck – haben die heutige arabische Rechtsausbildung geprägt?

Wie beeinflussen diese historischen Gegebenheiten bis heute die Lehrplangestaltung, die Lehrmethoden und die institutionelle Organisation? Das Verständnis dieser historischen Entwicklung ist unerlässlich für die Gestaltung innovativer und kontextbezogener Reformen, um die Fallstricke früherer Reformversuche zu vermeiden, die die Pfadabhängigkeit von Bildungssystemen nicht berücksichtigten.

Die Studie untersucht die genaue Natur der Qualifikationslücke zwischen Juraabsolventen und den Anforderungen des Arbeitsmarktes. Welche praktischen Kompetenzen fehlen den Absolventen laut Arbeitgebern, Richtern und den Absolventen selbst am meisten? Wie unterscheidet sich dieses Qualifikationsdefizit in verschiedenen arabischen Ländern aufgrund ihrer Wirtschaftsstrukturen und Rechtstraditionen? Diese empirische Dimension ist entscheidend, um über allgemeine Kritikpunkte hinauszugehen und gezielte Maßnahmen zu entwickeln, die die gravierendsten Mängel der aktuellen Ausbildungsergebnisse beheben.

Ein weiterer wichtiger Untersuchungsbereich konzentriert sich auf Lehrplaninhalte und -struktur. Inwieweit integrieren bestehende Lehrpläne neue Rechtsgebiete wie Technologierecht, Umweltrecht und internationale Schiedsgerichtsbarkeit? Wie effektiv gelingt es ihnen, die Grundlagen des

Zivilrechts mit islamischer Jurisprudenz und globalen Rechtsrahmen in Einklang zu bringen? Welche strukturellen Innovationen – wie etwa praxisorientierte Programme, Abschlussprojekte oder interdisziplinäre Studiengänge – versprechen den größten Nutzen im arabischen Kontext? Diese Fragen zielen unmittelbar auf Inhalt und Organisation der juristischen Ausbildung ab und führen von der Diagnose zur Lösungsfindung.

Die Studie untersucht auch die entscheidende Dimension von Pädagogik und Leistungsbeurteilung. Welche Lehrmethoden dominieren derzeit den juristischen Unterricht in arabischen Ländern, und welche Belege gibt es für deren Wirksamkeit? Wie lassen sich aktive Lernstrategien, problemorientierte Ansätze und technologiegestützter Unterricht an die arabischen Bildungskontexte anpassen? Welche alternativen Beurteilungsmethoden eignen sich besser zur Messung praktischer juristischer Kompetenzen neben theoretischem Wissen? Diese Fragen beleuchten die alltägliche Praxis der juristischen Ausbildung, in der sinnvolle Veränderungen oft gelingen oder scheitern.

Im Hinblick auf die Umsetzung muss die Forschung die enormen Herausforderungen der Bildungsreform angehen. Welche politischen, institutionellen und kulturellen Hindernisse haben in der Vergangenheit einen sinnvollen Wandel in der arabischen Juristenausbildung behindert? Welche Strategien können Widerstände der Lehrenden, bürokratische Trägheit und Ressourcenengpässe überwinden? Welche Akteure – Universitäten, Anwaltskammern, Justiz, Ministerien – müssen für eine erfolgreiche Umsetzung eingebunden werden, und welche Rolle sollte jeder Einzelne spielen? Diese praktischen Überlegungen sind unerlässlich, um theoretische Vorschläge in realisierbare Reformprogramme zu überführen.

Die vergleichende Dimension bildet einen weiteren wichtigen Untersuchungsansatz. Welche Lehren lassen sich aus Reformen der juristischen Ausbildung in anderen Regionen mit ähnlichen Herausforderungen ziehen? Wie haben hybride Rechtssysteme in Südostasien, Lateinamerika oder Afrika ihre juristische Ausbildung modernisiert und gleichzeitig den lokalen juristischen Charakter bewahrt? Welche Aspekte dieser internationalen Erfahrungen sind auf den arabischen Kontext übertragbar und welche erfordern wesentliche Anpassungen? Diese globale Perspektive beugt Engstirnigkeit vor und bereichert das vorgeschlagene Modell um vielfältige Erkenntnisse.

Das Hauptziel dieser Studie ist die Entwicklung eines umfassenden und detaillierten Konzepts für die Strukturreform der juristischen Grundausbildung in arabischen Ländern. Dabei geht es nicht nur um die Identifizierung von

Problemen, sondern auch um die Bereitstellung konkreter Lösungen – inklusive Curriculumsübersichten, didaktischen Leitlinien, Strategien zur Dozentenentwicklung und Umsetzungsplänen. Das Modell verfolgt einen ambitionierten Ansatz und ist gleichzeitig pragmatisch in der Umsetzung. Es setzt damit neue Maßstäbe für die juristische Ausbildung in der Region.

Ein zentrales Ziel ist die Neuausrichtung des Verhältnisses von theoretischem Wissen und praktischen Fertigkeiten. Die Forschung zielt darauf ab, ein integriertes Curriculum zu entwickeln, das eine solide theoretische Grundlage bewahrt und gleichzeitig Kompetenzen in juristischer Recherche, im Verfassen von Schriftsätzen, in der Verhandlung und in der Prozessführung systematisch fördert. Diese Integration stellt einen grundlegenden Wandel von der derzeitigen Trennung zwischen „akademischer" und „praktischer" juristischer Ausbildung hin zu einem ganzheitlichen Ansatz dar, der Studierende auf das gesamte Spektrum juristischer Berufstätigkeiten vorbereitet.

Ziel der Studie ist es außerdem, die Relevanz der juristischen Ausbildung für nationale und regionale Entwicklungsziele zu erhöhen. Dies bedeutet, die Lehrinhalte an die Agenden zur wirtschaftlichen Diversifizierung, die Pläne zur technologischen Transformation und die Reforminitiativen im Bereich der Regierungsführung in vielen arabischen Ländern anzupassen. Indem die juristische Ausbildung stärker auf diese Entwicklungen auf Makroebene reagiert, soll das vorgeschlagene Modell ihre gesellschaftliche Wirkung verstärken und höhere Investitionen in juristisches Fachpersonal rechtfertigen.

Ein weiteres wichtiges Ziel ist die Stärkung der ethischen Dimension der juristischen Ausbildung. Die Forschung zielt darauf ab, Strategien zur Integration von Berufsethik und sozialer Verantwortung in den gesamten Lehrplan zu entwickeln, nicht nur als eigenständiges Fach. Dies schließt die Auseinandersetzung mit den besonderen ethischen Herausforderungen ein, die sich aus der juristischen Praxis in Transformationsökonomien, hybriden Rechtssystemen und sich rasch wandelnden Gesellschaften ergeben – Kontexte, die viele arabische Länder heute prägen.

Ziel der Forschung ist die Entwicklung eines flexiblen und dennoch kohärenten Rahmens, der eine Anpassung an die unterschiedlichen nationalen Gegebenheiten der arabischen Welt ermöglicht. Anstatt einer Einheitslösung soll ein strukturierter Ansatz bereitgestellt werden, der sich an die spezifischen Bedürfnisse der einzelnen Länder, ihre institutionellen Kapazitäten und ihre jeweiligen Rechtstraditionen anpassen lässt. Diese Anpassungsfähigkeit ist entscheidend für die breite Akzeptanz und nachhaltige Umsetzung der vorgeschlagenen Reformen.

Ziel der Forschung ist es, klare Erfolgskriterien und Mechanismen zur kontinuierlichen Verbesserung zu etablieren. Dazu gehören die Entwicklung von Instrumenten zur Bewertung der Effektivität des neuen Modells, Feedbacksysteme zur Sicherstellung der fortlaufenden Optimierung sowie Strategien zur Skalierung erfolgreicher Innovationen. Durch die Integration von Evaluation und Anpassung in das Reformmodell selbst soll ein dynamisches, sich selbst verbesserndes System der juristischen Ausbildung geschaffen werden, das sich an zukünftige Herausforderungen und Chancen anpassen kann.

1.3. Umfang und Grenzen: Definition des Kontextes „arabischsprachige Länder"

Der Begriff „arabischsprachige Länder" umfasst eine vielfältige Gruppe von Nationen im Nahen Osten und Nordafrika, die zwar durch die arabische Sprache verbunden sind, sich aber durch erhebliche Unterschiede in ihren Rechtssystemen, ihrer Kolonialgeschichte, ihren Wirtschaftsstrukturen und ihren Bildungstraditionen auszeichnen. Diese Studie konzentriert sich speziell auf Länder, in denen Arabisch die Hauptsprache der juristischen Ausbildung ist und in denen kontinentaleuropäische Rechtstraditionen vorherrschen, insbesondere solche, die vom französisch-ägyptischen Rechtsmodell beeinflusst sind, welches sich zum regionalen Standard für juristische Bachelorstudiengänge entwickelt hat.

Geografisch umfasst der Untersuchungsbereich die Länder der Levante (Libanon, Jordanien, Syrien, Palästina), die Staaten des Golf-Kooperationsrats (Saudi-Arabien, Vereinigte Arabische Emirate, Katar, Kuwait, Oman, Bahrain), Nordafrika (Ägypten, Libyen, Tunesien, Algerien, Marokko) und den Sudan. Diese Auswahl repräsentiert den Kern der arabischen Welt, in der die juristische Ausbildung trotz bedeutender nationaler Unterschiede weitgehend ähnlichen Mustern folgt. Ausgenommen von der Studie sind explizit Länder, in denen die juristische Ausbildung primär in anderen Sprachen stattfindet oder deutlich abweichenden Modellen folgt, wie beispielsweise Somalia, Dschibuti und die Komoren.

Die Studie konzentriert sich ausschließlich auf die juristische Grundausbildung, insbesondere auf die vier- bis fünfjährigen Bachelor-of-Law-Studiengänge (LL.B.), die in den meisten arabischen Ländern den primären Zugang zu juristischen Berufen darstellen. Postgraduale juristische Ausbildungen (LL.M.- und Promotionsprogramme), Richterausbildungsinstitute und die Fortbildung für praktizierende Juristen werden dabei nicht berücksichtigt, obwohl diese zweifellos wichtige Bestandteile des umfassenderen Systems der juristischen

Ausbildung sind. Die Fokussierung auf die Grundausbildung ist durch deren grundlegende Bedeutung für die Entwicklung der beruflichen Identität und der Basiskompetenzen gerechtfertigt.

Die Studie untersucht die aktuelle juristische Ausbildung und Reformvorschläge aus einer zukunftsorientierten Perspektive. Historische Analysen liefern zwar einen wichtigen Kontext, der Schwerpunkt liegt jedoch auf gegenwärtigen Herausforderungen und zukunftsorientierten Lösungsansätzen. Das vorgeschlagene Modell ist für die Umsetzung im kommenden Jahrzehnt konzipiert und berücksichtigt sowohl bestehende Strukturen als auch neue Entwicklungen in der Rechtspraxis und Hochschulbildung.

Eine wesentliche Einschränkung ergibt sich aus der beträchtlichen Heterogenität innerhalb des definierten Rahmens. Die juristische Ausbildung in Saudi-Arabien mit ihrer starken Betonung des islamischen Rechts unterscheidet sich wesentlich vom eher säkularen, französisch geprägten Modell im Libanon. Ressourcenunterschiede zwischen ölreichen Golfstaaten und ärmeren Ländern wie Jemen führen zu völlig unterschiedlichen Umsetzungsbedingungen. Obwohl die Studie diese Unterschiede anerkennt und anpassungsfähige Rahmen vorschlägt, kann kein einzelnes Modell alle nationalen Besonderheiten gleichermaßen präzise abbilden.

Die Forschung ist zudem dadurch eingeschränkt, dass sie sich primär auf öffentlich zugängliche Dokumente, bestehende Literatur und beobachtbare Trends stützt, anstatt eigene empirische Forschung in allen arabischen Ländern durchzuführen. Obwohl verfügbare Studien und Beispiele bewährter Verfahren einbezogen werden, ist eine umfassende Feldforschung in allen Ländern nicht möglich. Diese Einschränkung wird jedoch dadurch abgemildert, dass der Fokus auf strukturellen Prinzipien liegt, die lokal angepasst werden können, anstatt überall identische Implementierungen vorzuschreiben.

Methodisch verwendet die Studie eine vergleichende Analyse, berücksichtigt aber die Herausforderungen einer direkten Übertragung von Bildungsmodellen. Erfolgreiche Reformen der juristischen Ausbildung in einem Kontext können in einem anderen aufgrund unterschiedlicher institutioneller Kulturen, regulatorischer Rahmenbedingungen oder gesellschaftlicher Erwartungen scheitern. Das vorgeschlagene Modell betont daher Leitprinzipien und flexible Rahmenbedingungen anstelle starrer Vorgaben und trägt der Notwendigkeit einer kontextbezogenen Anpassung in jedem Implementierungsumfeld Rechnung.

Der Untersuchungsgegenstand befasst sich explizit mit der formalen juristischen Ausbildung im universitären Bereich, wobei anerkannt wird, dass informelles juristisches Lernen durch Praktika, berufliche Sozialisation und Einarbeitung am Arbeitsplatz erfolgt. Obwohl diese alternativen Wege die berufliche Entwicklung beeinflussen, konzentriert sich die Forschung auf die strukturierte, institutionalisierte Ausbildung, die das Fundament juristischer Karrieren bildet und sich am besten für systematische Reformbemühungen eignet.

Finanzielle und Ressourcenengpässe stellen eine weitere wichtige Einschränkung dar. Das vorgeschlagene Modell erkennt die erheblichen Unterschiede in der Bildungsfinanzierung in der Region an, kann sie aber nicht beseitigen. Die Forschung plädiert zwar für höhere Investitionen in die juristische Ausbildung, schlägt aber gleichzeitig Strategien für eine schrittweise Umsetzung vor, die in unterschiedlichen Ressourcenkontexten – von gut ausgestatteten Privatuniversitäten bis hin zu unterfinanzierten öffentlichen Einrichtungen – funktionieren können.

Die Forschung konzentriert sich auf die allgemeine juristische Ausbildung und nicht auf spezialisierte Programme für bestimmte Branchen oder Elitegruppen. Zwar wird der Wert von Nischenprogrammen (beispielsweise im Völkerrecht, in der Schiedsgerichtsbarkeit oder im islamischen Finanzwesen) anerkannt, doch liegt das Hauptaugenmerk auf der Reform der grundlegenden universitären Ausbildung, die die Mehrheit der Juristen in der Region prägt. Dieser Fokus gewährleistet die Relevanz der Forschung für ein möglichst breites Spektrum der juristischen Ausbildung.

Politische und regulatorische Rahmenbedingungen bilden eine weitere Randbedingung für diese Forschung. Die juristische Ausbildung in vielen arabischen Ländern findet in streng regulierten Umfeldern statt, wobei die Lehrpläne häufig von Hochschulministerien oder Justizbehörden vorgegeben werden. Das vorgeschlagene Modell trägt diesen Gegebenheiten Rechnung und bietet Reformwege an, die mit den bestehenden Verwaltungsstrukturen arbeiten und diese schrittweise transformieren, anstatt sie vollständig zu ersetzen.

Der Untersuchungsgegenstand umfasst sowohl die Angebotsseite (Rechtsfakultäten und deren Studienangebote) als auch die Nachfrageseite (Bedarf des Rechtsdienstleistungsmarktes) der juristischen Ausbildung, wobei der Schwerpunkt auf der Angebotsseite liegt. Obwohl die Studie die Beschäftigungsfähigkeit und Marktrelevanz berücksichtigt, unternimmt sie keine umfassende Analyse der Rechtsdienstleistungsmärkte in allen arabischen Ländern, sondern konzentriert sich stattdessen auf Bildungsmaßnahmen, die Absolventen besser auf die sich wandelnde Berufswelt vorbereiten können.

Die Studie erkennt zwar die komplexe Beziehung zwischen juristischer Ausbildung und umfassenderen politischen Systemen an, untersucht sie aber nicht eingehend. Obwohl sie anerkennt, dass juristische Ausbildung nicht vollständig von ihrem politischen Kontext getrennt werden kann, konzentriert sie sich auf Bildungsstrukturen und pädagogische Ansätze, die innerhalb bestehender politischer Rahmenbedingungen verbessert werden können, und vermeidet Empfehlungen, die systemweite Veränderungen erfordern würden, die über den Rahmen von Bildungsreformen hinausgehen.

1.4. Methodik: Ein vergleichender und analytischer Ansatz

Die Methodik dieser Studie verfolgt einen vielschichtigen Ansatz, der historische Analyse, vergleichende Studien und kontextbezogene Anpassung kombiniert, um einen umfassenden Reformvorschlag für die juristische Ausbildung in der arabischen Welt zu entwickeln. Diese integrierte Methodik ist notwendig, um dem komplexen Zusammenspiel globaler Standards, regionaler Traditionen und lokaler Gegebenheiten, die die juristische Ausbildung in der arabischen Welt prägen, gerecht zu werden. Der Ansatz ist im Kern pragmatisch und priorisiert praktikable Lösungen gegenüber ideologischer Reinheit oder theoretischer Eleganz.

Die historische Analyse bildet die Grundlage der Methodik und untersucht die Entwicklung der juristischen Ausbildung von ihren Ursprüngen in islamischen Gelehrtentraditionen über die Kolonialzeit bis hin zu den heutigen Einflüssen der Globalisierung. Diese historische Perspektive hilft, Pfadabhängigkeiten – die Art und Weise, wie vergangene Entscheidungen die gegenwärtigen Handlungsoptionen weiterhin einschränken – zu identifizieren und zugrunde liegende Annahmen aufzudecken, die den aktuellen Bedürfnissen möglicherweise nicht mehr gerecht werden. Indem die Forschung versteht, wie die gegenwärtigen Strukturen entstanden sind, kann sie Reformen vorschlagen, die mit tief verwurzelten institutionellen Mustern im Einklang stehen, anstatt gegen sie.

Die vergleichende Dimension bildet eine zentrale methodische Säule. Sie untersucht juristische Ausbildungsmodelle aus verschiedenen Rechtssystemen, darunter Nordamerika, Europa, Südostasien und andere hybride Rechtssysteme. Ziel dieser vergleichenden Analyse ist es nicht, ein „bestes" Modell für die uneingeschränkte Übernahme zu identifizieren, sondern vielmehr Prinzipien, Strategien und Innovationen herauszuarbeiten, die sich an arabische Kontexte anpassen lassen. Besonderes Augenmerk liegt auf Rechtssystemen, die die juristische Ausbildung erfolgreich modernisiert und gleichzeitig ihre spezifischen Rechtstraditionen bewahrt haben, wie beispielsweise Singapur, Malaysia und einige lateinamerikanische Länder.

Ein zentrales methodisches Prinzip besteht in der Berücksichtigung des jeweiligen Kontextes anstelle universeller Vorgaben. Die Forschung erkennt an, dass Bildungsmodelle nicht einfach auf andere kulturelle, institutionelle und politische Kontexte übertragen werden können. Daher wird jedes Vergleichsbeispiel nicht nur hinsichtlich seiner intrinsischen Merkmale analysiert, sondern auch hinsichtlich der Kontextfaktoren, die seinen Erfolg ermöglichten, sowie der Anpassungsstrategien, die für seine Implementierung im arabischen Raum erforderlich wären. Dies vermeidet die häufige Falle, attraktive, aber kontextuell ungeeignete ausländische Modelle zu übernehmen.

Die Methodik basiert auf einer systematischen Curriculumsanalyse an einer repräsentativen Stichprobe arabischer juristischer Fakultäten. Dabei werden offizielle Curriculumsdokumente, Kursinhalte, Leselisten und Prüfungsmethoden untersucht, um Gemeinsamkeiten, Lücken und Innovationen zu identifizieren. Diese Dokumentenanalyse wird, wo möglich, durch empirische Studien zu Berufsaussichten , Arbeitgeberzufriedenheit und Bildungseffektivität ergänzt, um die Forschung auf beobachtbare Realitäten und nicht auf bloße Wahrnehmungen oder Erwartungen zu stützen.

Die Studie integriert die Perspektive verschiedener Interessengruppen durch die Synthese bestehender Studien, Umfragen und Interviews, die von verschiedenen Organisationen in der Region durchgeführt wurden. Obwohl keine umfassende eigene Feldforschung betrieben wird, sammelt und analysiert die Methodik systematisch verfügbare Daten von Jurastudierenden, Dozierenden, Praktikern, Richtern und Arbeitgebern. Dieser Multi-Stakeholder-Ansatz gewährleistet, dass die vorgeschlagenen Reformen die Anliegen und Erkenntnisse aller von der juristischen Ausbildung Betroffenen berücksichtigen.

Der analytische Rahmen wendet Prinzipien moderner Erziehungstheorien an, insbesondere konstruktivistische Ansätze, die aktives Lernen, die Integration von Fertigkeiten und die progressive Kompetenzentwicklung betonen. Diese theoretische Grundlage prägt die pädagogischen Empfehlungen und die Prinzipien der Lehrplangestaltung des gesamten vorgeschlagenen Modells. Die Forschung übersetzt diese erziehungswissenschaftlichen Theorien in praktische Strategien, die sich für große Lehrveranstaltungen und ressourcenarme Umgebungen an arabischen Universitäten eignen.

Ein zentraler methodischer Ansatz ist die strukturfunktionale Analyse bestehender juristischer Ausbildungssysteme. Dabei wird untersucht, wie verschiedene Komponenten des Ausbildungssystems – Zulassungskriterien,

Curriculumsgestaltung, Lehrmethoden , Prüfungssysteme und Anreizsysteme für Lehrende – zusammenwirken, um spezifische Lernergebnisse zu erzielen. Durch das Verständnis dieser systemischen Wechselwirkungen kann die Forschung koordinierte Reformen vorschlagen, die mehrere Hebelpunkte gleichzeitig angehen, anstatt isolierte Änderungen vorzunehmen, die durch gegenläufige Kräfte an anderer Stelle im System untergraben werden könnten. Die Methodik umfasst eine Art „Zukunftsanalyse" – die systematische Betrachtung neuer Trends in der Rechtspraxis, der Technologie und der Hochschulbildung, die die berufliche Landschaft der Absolventen prägen werden. Diese zukunftsorientierte Dimension stellt sicher, dass das vorgeschlagene Modell Studierende nicht nur auf das heutige juristische Umfeld, sondern auch auf die veränderte Berufswelt der kommenden Jahrzehnte vorbereitet. Dies beinhaltet die Analyse technologischer Umbrüche, der Auswirkungen der Globalisierung und sich wandelnder Marktstrukturen im Bereich der Rechtsdienstleistungen.

Die Forschung nutzt iterative Modellentwicklung, beginnend mit allgemeinen Prinzipien, die schrittweise zu konkreten, umsetzbaren Empfehlungen verfeinert werden. Dieser Prozess umfasst mehrere Phasen der Überprüfung und

Überarbeitung, um interne Kohärenz, praktische Umsetzbarkeit und kontextuelle Angemessenheit zu gewährleisten. Das resultierende Modell vereint visionäre Ziele mit pragmatischen Umsetzungswegen und vermeidet sowohl einfallslosen Inkrementalismus als auch unpraktikablen Radikalismus.

Ein besonderes methodisches Merkmal ist die Integration islamischer Bildungsphilosophie in die zeitgenössische Pädagogik. Die Forschung untersucht traditionelle islamische Ansätze der Rechtsausbildung – insbesondere deren Betonung dialogischen Lernens, Meister-Schüler-Beziehungen und ethischer Bildung – und prüft, wie diese an moderne Massenbildungskontexte angepasst werden können. Dies stellt ein Bestreben dar, einen authentischen, kulturell verankerten Ansatz zur Reform der juristischen Ausbildung zu entwickeln, anstatt lediglich importierte Lösungen zu übernehmen.

Die Methodik legt Wert auf die Implementierungsplanung parallel zur Modellentwicklung. Anstatt die Implementierung als nachträglichen Gedanken zu behandeln, befasst sich die Forschung systematisch von Anfang an mit Fragen der Phasenplanung, des Ressourcenbedarfs, der Personalentwicklung und des Veränderungsmanagements. Dieser implementierungsorientierte Ansatz erhöht die Wahrscheinlichkeit, dass die vorgeschlagenen Reformen in realen Bildungseinrichtungen mit all ihren Komplexitäten und Einschränkungen tatsächlich umgesetzt und nachhaltig verankert werden können.

Schließlich integriert die Methodik Mechanismen zur Evaluierung und Anpassung, Feedbackschleifen und kontinuierliche Verbesserungsprozesse direkt in das vorgeschlagene Modell. Dies trägt der Erkenntnis Rechnung, dass Bildungsreform kein einmaliges Ereignis, sondern ein fortlaufender Prozess ist, der regelmäßige Überprüfung und Anpassung erfordert. Die Methodik zielt daher darauf ab, nicht nur ein statisches Modell, sondern einen dynamischen Rahmen für kontinuierliche Bildungsinnovationen zu schaffen, der auf sich ändernde Bedürfnisse und Möglichkeiten reagiert.

Kapitel 2: Die historische und gegenwärtige Landschaft der juristischen Ausbildung in der arabischen Welt

2.1. Historische Ursprünge: Von der islamischen Jurisprudenz (Fiqh) zu kolonialen Importen

Die gegenwärtige Struktur der juristischen Ausbildung in der arabischen Welt ist das Ergebnis verschiedener historischer Schichten, die zwar aufeinander aufbauen, aber nie vollständig auslöschen. Das Verständnis dieser historischen Entwicklung ist für jede sinnvolle Reform unerlässlich, da die Vergangenheit weiterhin einen starken Einfluss auf die gegenwärtigen Praktiken, institutionellen Strukturen und sogar die Vorstellungen davon ausübt, was juristische Ausbildung beinhalten sollte. Diese Entwicklung beginnt mit dem hochentwickelten System der islamischen Rechtsausbildung, das sich über Jahrhunderte organisch entwickelt hat und eine der weltweit beständigsten und einflussreichsten Traditionen juristischer Pädagogik und Wissenschaftsausbildung darstellt.

In der klassischen islamischen Tradition war die juristische Ausbildung grundlegend persönlich, dialogisch und auf die Beziehung zwischen Meister und Schüler ausgerichtet. Wissen (Ilm) war nicht bloß zu absorbierende Information, sondern ein Verständnis, das durch die direkte Auseinandersetzung mit etablierten Gelehrten entwickelt werden sollte. Die Schüler schlossen sich bestimmten Lehrern an und besuchten deren Lehrkreise (Halaqat) in

Moscheen oder Privathäusern, wo sie grundlegende Rechtstexte lasen und diskutierten und dabei die Methode des juristischen Denkens durch Beobachtung und Praxis verinnerlichten. Dieses System brachte Juristen (Fuqaha) hervor, die nicht nur in den Regeln, sondern auch in der Kunst ihrer Ableitung – der Wissenschaft des Usul al -Fiqh (Prinzipien der islamischen Rechtswissenschaft) – geschult waren.

Die Institutionalisierung der islamischen Rechtsausbildung erfolgte durch das Madrasa -System, das sich um das 11. Jahrhundert formalisierte und einen bedeutenden Fortschritt in der Bildungsorganisation darstellte. Stiftungen wie die Mustansiriyya in Bagdad (1233 n. Chr.) und die Al- Azhar in Kairo (970 n. Chr.) boten strukturierte Lehrpläne, eigene Lernräume und formalisierte Zertifizierungen durch das Ijaza -System, das Absolventen zur Lehre und zur Abgabe von Rechtsgutachten berechtigte. Der umfassende Lehrplan der Madrasas stellte das Fiqh in den Mittelpunkt und brachte die Ulama (Gelehrten) hervor, die als Richter (Qadis), Juristen und Rechtsberater in der gesamten islamischen Welt wirkten.

Ein prägendes Merkmal der klassischen islamischen Rechtsausbildung war die Betonung methodischer Raffinesse durch Usul al- Fiqh . Diese „Wissenschaft von den Wurzeln der Jurisprudenz“ bot einen strengen Rahmen für die

Ableitung von Rechtsentscheidungen aus Primärquellen mithilfe anerkannter Methoden wie Qiyas (Analogieschluss), Ijma (Konsens) und Ijtihad (unabhängiges Denken). Diese methodische Ausbildung befähigte die Juristen , sich mit neuen, in den grundlegenden Texten nicht explizit behandelten Sachverhalten auseinanderzusetzen. So entstand eine dynamische Rechtstradition, die sich weiterentwickeln und an veränderte Umstände anpassen konnte, ohne dabei die Verbindung zu ihren Offenbarungsquellen zu verlieren.

Die osmanische Zeit brachte durch die Institutionalisierung des Rechtspluralismus und die systematische Rechtsverwaltung weitere Komplexität mit sich. Das Millet-System ermöglichte es religiösen Minderheiten, ihre eigenen Personenstandsgesetze zu verwalten, während die Entwicklung des Qanun (weltliches Verwaltungsrecht) neben der Scharia ein faktisches duales Rechtssystem schuf. Die juristische Ausbildung spiegelte diese Komplexität wider: Es gab unterschiedliche Wege für diejenigen, die sich als Qadis auf die Scharia spezialisierten , und diejenigen, die in der weltlichen Verwaltungsbürokratie dienten. Dies schuf Präzedenzfälle für die Rechtshybride, die die Moderne prägen sollten.

Die koloniale Begegnung ab dem 19. Jahrhundert bedeutete einen katastrophalen Bruch mit dieser organischen Entwicklung, da die europäischen Mächte systematisch einheimische juristische Bildungseinrichtungen demontierten und durch europäische Modelle ersetzten. Die Franzosen in Nordafrika und der Levante sowie die Briten in Ägypten, Sudan und am Golf setzten ihre jeweiligen Rechtssysteme nicht nur mit Zwang durch, sondern vor allem durch die heimtückische Schaffung neuer Bildungseinrichtungen, die Eliten hervorbringen sollten, die den kolonialen Interessen dienten. Juristische Fakultäten wurden zu Schlüsselinstrumenten dieses kulturellen und rechtlichen Wandels.

Die französische Kolonialpolitik verfolgte eine Strategie der direkten Assimilation und errichtete juristische Fakultäten wie jene in Algier (1879) und Damaskus (1913) als Abbilder französischer Institutionen. Der Unterricht fand auf Französisch statt, der Lehrplan entsprach dem von Paris, und französische Rechtsnormen wurden als universelle Standards der Zivilisation gelehrt. Das islamische Recht wurde auf den engen Bereich des Personenstandsrechts beschränkt und als „Brauchtum“ anstatt als eigentliches Recht umgedeutet. Dieses Bildungsprojekt zielte darauf ab, eine Klasse einheimischer Eliten zu schaffen, die kulturell französisch und der Kolonialverwaltung loyal sein sollten.

Der britische Kolonialeinfluss wirkte zwar anders, hatte aber ähnlich tiefgreifende Auswirkungen. Mithilfe indirekter Herrschaftsstrategien etablierten die Briten parallele Gerichtssysteme: Nationale Gerichte, die englisch inspirierte Gesetze anwandten, standen neben „einheimischen" Gerichten, die für Personenstandsangelegenheiten und kleinere Streitigkeiten zuständig waren. Sie gründeten juristische Fakultäten wie die Khedival Law School in Kairo (1868), die englische Common-Law-Ansätze mit lokalen Inhalten verbanden und Absolventen für die Verwaltung dieses hybriden Rechtssystems ausbildeten. Dies führte zu strukturellen Ungleichheiten, die westlich ausgebildete Juristen gegenüber traditionellen Rechtsgelehrten bevorzugten.

In der Zeit nach der Unabhängigkeit sahen sich die neu entstandenen souveränen Staaten mit ihrem doppelten Rechtserbe konfrontiert und versuchten, aus den unterschiedlichen Traditionen nationale Rechtsidentitäten zu formen. Die meisten arabischen Staaten behielten die europäisch geprägten Rechtssysteme und Bildungsstrukturen bei, da sie diese als modern und fortschrittlich ansahen, erkannten aber gleichzeitig das islamische Recht als Quelle der Gesetzgebung in ihren Verfassungen an. Dies schuf die grundlegende Spannung, die die arabischen Rechtssysteme bis heute kennzeichnet: das Nebeneinander von importierten positiven Rechtsrahmen und den fortbestehenden islamischen Rechtsprinzipien.

Das in weiten Teilen der arabischen Welt vorherrschende Modell war die sogenannte „französisch-ägyptische“ Synthese – im Wesentlichen das französische Zivilrechtssystem, gefiltert und angepasst durch ägyptische Juristen und Bildungseinrichtungen. Ägyptische Rechtsfakultäten, insbesondere die Universität Kairo, entwickelten sich zu regionalen Zentren der juristischen Ausbildung, bildeten Generationen arabischer Juristen aus und exportierten dieses synthetisierte Modell in die gesamte Region. Dieses Modell verband französische dogmatische Ansätze mit islamischen Rechtselementen, insbesondere im Personenstandsrecht, und schuf so eine unverwechselbare Hybridform.

Das historische Erbe erklärt einige beständige Merkmale der zeitgenössischen arabischen Juristenausbildung. Der vorlesungsbasierte, exegetische Ansatz der Gesetzeskommentierung spiegelt sowohl die französische Betonung der dogmatischen Auslegung als auch die traditionelle islamische Praxis der Textkommentierung (Sharh) wider. Die theoretische Ausrichtung und die Vernachlässigung praktischer Fertigkeiten spiegeln die in der zivilen Tradition vorherrschende Unterscheidung zwischen universitärer Bildung und beruflicher

Ausbildung wider. Die anhaltende Spannung zwischen französischen und englischen Spracheinflüssen in der Juristenausbildung spiegelt die kolonialen Teilungen wider, die die Region einst zersplitterten.

Diese historische Perspektive zeigt, dass die aktuellen Debatten um die Reform der juristischen Ausbildung nicht neu sind, sondern das jüngste Kapitel in einem langen Diskurs über juristische Identität, Authentizität und Modernisierung darstellen. Die Herausforderung für heutige Reformer besteht darin, dieses komplexe Erbe anzuerkennen, ohne sich von ihm einengen zu lassen – die Stärken verschiedener Traditionen zu erkennen und gleichzeitig deren Grenzen zu überwinden. Ein historisch fundierter Ansatz versteht, dass sinnvolle Veränderungen diese tiefgreifenden Strukturen berücksichtigen müssen, anstatt einfach neue Modelle auf alte Fundamente zu setzen.

Letztlich hat die historische Entwicklung vom Fiqh über koloniale Einflüsse bis hin zu deren Synthese nach der Unabhängigkeit ein Rechtsbildungssystem hervorgebracht, das seinen islamischen Wurzeln und seinen modernen Ansprüchen oft nicht vollends gerecht wird. Durch das Verständnis dieser Geschichte können Reformer die Fallstricke sowohl nostalgischen Traditionalismus als auch unreflektierter Verwestlichung vermeiden und stattdessen einen Weg einschlagen, der strategisch aus verschiedenen

Traditionen schöpft, um etwas wahrhaft Neues zu schaffen – ein Rechtsbildungssystem, das authentisch, effektiv und den Anforderungen der heutigen Welt gleichermaßen angemessen ist.

2.2. Das dominante Modell: Das französisch-ägyptische Erbe und seine Merkmale

Das französisch-ägyptische Modell der juristischen Ausbildung stellt in weiten Teilen der arabischen Welt das vorherrschende Paradigma dar. Es handelt sich um ein hybrides System, das französische Zivilrechtsstrukturen mit ägyptischen Anpassungen und islamischen Rechtselementen verbindet. Dieses Modell entstand im späten 19. und frühen 20. Jahrhundert durch einen komplexen historischen Prozess der Rezeption, Übersetzung und Anpassung an lokale Gegebenheiten und wurde schließlich zur Vorlage für die juristische Ausbildung in der Levante, Nordafrika und Teilen des Golfs. Das Verständnis seiner Merkmale ist unerlässlich, um die gegenwärtige Situation der arabischen juristischen Ausbildung und ihre anhaltenden Herausforderungen zu begreifen.

Das französisch-ägyptische Modell orientiert sich strukturell am kontinentaleuropäischen System eines vier- bis fünfjährigen juristischen Bachelor-Abschlusses (Licence en Droit oder ein gleichwertiger Abschluss), der als primäre akademische Qualifikation für die Anwaltstätigkeit dient. Dies steht im Gegensatz zu den in Nordamerika üblichen Master-Abschlüssen im Rechtsbereich. Der Studienplan gliedert sich in Pflichtkurse, die die wichtigsten Rechtsgebiete – Zivilrecht, Handelsrecht, Strafrecht und Prozessrecht – abdecken, mit begrenzten Wahlmöglichkeiten. Dies spiegelt die Tradition des Zivilrechts wider, die Wert auf die systematische Beherrschung der Rechtslehre anstatt auf die Entwicklung spezialisierter Fachkenntnisse legt.

Der für dieses Modell charakteristische pädagogische Ansatz ist überwiegend exegetisch und vorlesungsbasiert und konzentriert sich auf die detaillierte Kommentierung und Analyse von Gesetzestexten. Professoren, die typischerweise an einem erhöhten Podium sitzen, halten strukturierte Vorlesungen (Kurse) . Magistraux) erläutern systematisch Artikel des Zivilgesetzbuches und der zugehörigen Rechtsprechung, während die Studierenden diese Erläuterungen passiv transkribieren. Diese Methode spiegelt sowohl die französische Tradition der theologischen Darlegung als auch die islamische Praxis des Textkommentars (Sharh) wider und schafft so ein wirkungsvolles pädagogisches Erbe, das theoretisches Wissen über praktische Anwendung stellt.

Die Leistungsbewertung in diesem System basiert maßgeblich auf Abschlussprüfungen, die das Auswendiglernen von Rechtsvorschriften und das theoretische Verständnis anhand von Essayfragen und Fallbeispielen testen. Diese wichtigen, umfassenden Prüfungen finden in der Regel am Ende jedes Studienjahres statt und bestimmen den Studienfortschritt bei nur begrenzter kontinuierlicher Leistungsbewertung. Dieser Prüfungsansatz verstärkt den Fokus auf das Behalten von Inhalten anstatt auf die Entwicklung von Kompetenzen und erzeugt Druck für oberflächliche Lernstrategien, die auf kurzfristiges Pauken statt auf eine tiefgehende Auseinandersetzung mit juristischen Inhalten abzielen.

Das französisch-ägyptische Modell trennt strikt zwischen akademischer juristischer Ausbildung und beruflicher Weiterbildung. Erstere findet an Universitäten statt, letztere wird von separaten Institutionen wie Justizinstituten oder Anwaltskammern angeboten. Diese Trennung spiegelt die konzeptionelle Unterscheidung der kontinentaleuropäischen Rechtstradition zwischen Rechtswissenschaft (als akademischer Disziplin) und Rechtspraxis (als technischer Anwendung) wider. Folglich bleibt die juristische Grundausbildung betont theoretisch und integriert praktische Fertigkeiten, klinische Erfahrungen und die Entwicklung einer beruflichen Identität nur minimal.

Ein prägendes Merkmal dieses Modells ist die zentrale Lehrplansteuerung, die in der Regel von den Hochschulministerien vorgegeben und nicht von den einzelnen Fakultäten autonom festgelegt wird. Diese Standardisierung gewährleistet zwar eine einheitliche juristische Ausbildung im gesamten Staatsgebiet, führt aber zu Starrheit und Innovationsresistenz. Lehrplanreformen erfordern die Bewältigung komplexer bürokratischer Genehmigungsverfahren, was Experimente und Anpassungen an lokale Bedürfnisse oder neue Entwicklungen in der Rechtspraxis und -forschung erschwert.

Das französisch- ägyptische Modell ist intellektuell stark positivistisch und doktrinär geprägt. Es betrachtet Recht als ein kohärentes, systematisches Regelwerk, das sich logisch aus Gesetzestexten ableiten und auf Sachverhalte anwenden lässt. Diese Ausrichtung marginalisiert kritische Perspektiven, interdisziplinäre Ansätze und theoretische Analysen von Rechtsinstitutionen. Recht wird als technische Wissenschaft und nicht als soziales Phänomen dargestellt, wodurch das Verständnis der Studierenden für die dynamische Beziehung des Rechts zu Gesellschaft, Politik und Wirtschaft eingeschränkt wird.

Trotz seiner europäischen Ursprünge integriert das Modell das islamische Recht (Fiqh) in spezifischen, klar abgegrenzten Bereichen, insbesondere im Personenstandsrecht. Diese Integration erfolgt jedoch typischerweise im

Rahmen des Positivismus des Zivilrechts – islamische Rechtsnormen werden als kodifizierte Bestimmungen präsentiert, die auswendig gelernt und angewendet werden sollen, anstatt als lebendige Traditionen juristischer Argumentation. Dieser Ansatz entzieht modernen Studierenden die differenzierten methodischen Werkzeuge des Usul al- Fiqh , die die klassische islamische Rechtsausbildung prägten.

Das französisch-ägyptische Modell prägt die berufliche Identität von Juraabsolventen als Staatsbedienstete und nicht als unabhängige Juristen. Der Lehrplan legt den Schwerpunkt auf öffentliches Recht und die Rolle von Juristen in der Staatsverwaltung und spiegelt damit die enge Verbindung zwischen juristischer Ausbildung und Staatsbürokratie in der kontinentaleuropäischen Rechtstradition wider. Diese Ausrichtung lenkt die Karrierewünsche hin zu einer Anstellung im öffentlichen Dienst anstatt zu einer Tätigkeit in der freien Wirtschaft oder im zivilgesellschaftlichen Bereich und beeinflusst so den gesamten Markt für Rechtsdienstleistungen in Ländern, die diesem Modell folgen.

Ressourcenengpässe an vielen staatlichen Universitäten, die diesem Modell folgen, haben zu einer drastischen Vergrößerung der Klassen geführt, wodurch das vorlesungsbasierte Format weiter verfestigt und interaktives Lernen unmöglich gemacht wurde. Juristische Fakultäten betreuen oft Hunderte von Studierenden in einzelnen Vorlesungen, was individuelle Betreuung, Diskussionen oder die Entwicklung von Kompetenzen praktisch unmöglich macht. Diese Massifizierung der juristischen Ausbildung hat die theoretische Ausrichtung des Systems verstärkt und die Beziehungen zwischen Studierenden und Lehrenden weiter geschwächt.

Die sprachliche Dimension des französisch-ägyptischen Modells birgt zusätzliche Komplexitäten, insbesondere in Ländern, in denen Jura auf Französisch gelehrt wird, die nationale Rechtspraxis jedoch primär auf Arabisch stattfindet. Diese Diskrepanz zwischen Ausbildungs- und Praxissprache stellt Absolventen vor Übersetzungsherausforderungen und kann die juristische Ausbildung von der lokalen Rechtskultur entfremden. Selbst in Ländern, in denen Arabisch Unterrichtssprache ist, bleibt das juristische Fachvokabular stark von französischen Entsprechungen geprägt, wodurch eine sprachliche Hybridität entsteht , die den gemischten Ursprung des Modells widerspiegelt.

Trotz dieser Einschränkungen hat sich das französisch-ägyptische Modell als bemerkenswert widerstandsfähig erwiesen und prägt weiterhin die juristische Ausbildung in der arabischen Welt. Seine Beständigkeit beruht auf mehreren Faktoren: institutioneller Trägheit, dem Prestige der französischen

Rechtstradition, der Zweckmäßigkeit standardisierter Systeme für die staatliche Verwaltung und dem Fehlen überzeugender Alternativen, die moderne und islamische Rechtselemente erfolgreich integrieren. Reformbemühungen müssen sich daher sorgsam mit diesem dominanten Modell auseinandersetzen, anstatt einfach dessen vollständige Ersetzung vorzuschlagen.

Das Verständnis der Merkmale und der historischen Entstehung des französisch-ägyptischen Modells ist für die Gestaltung wirksamer Reformen unerlässlich. Veränderungsstrategien müssen die tiefe Institutionalisierung des Modells, seine Ausrichtung auf die Bedürfnisse der staatlichen Bürokratie und seine Resonanz mit bestimmten Aspekten der traditionellen pädagogischen Kultur berücksichtigen. Eine erfolgreiche Reform wird voraussichtlich eher eine strategische Modifizierung dieses dominanten Modells als dessen kategorische Ablehnung beinhalten, indem auf seinen Stärken aufgebaut und gleichzeitig seine Schwächen durch sorgfältig aufeinander abgestimmte Innovationen systematisch angegangen werden.

2.3. Ein vergleichender Überblick: Unterschiede in der Golfregion, der Levante und Nordafrika

Das französisch-ägyptische Modell bildet zwar eine gemeinsame Grundlage für die juristische Ausbildung in der arabischen Welt, doch spiegeln bedeutende regionale Unterschiede unterschiedliche historische Erfahrungen, politische Systeme, Wirtschaftsstrukturen und kulturelle Kontexte wider. Diese Unterschiede prägen eine vielfältige Bildungslandschaft, die ein differenziertes Verständnis und maßgeschneiderte Reformansätze anstelle von Einheitslösungen erfordert. Die Golfregion, die Levante und Nordafrika repräsentieren drei wichtige subregionale Muster innerhalb des breiteren arabischen Rechtsbildungskontexts.

Die Staaten des Golf-Kooperationsrats (GCC), darunter Saudi-Arabien, die Vereinigten Arabischen Emirate, Katar, Kuwait, Oman und Bahrain, bilden einen besonderen Kontext, der durch die erst kürzlich erfolgte Etablierung einer formalen juristischen Ausbildung, die Verfügbarkeit umfangreicher Ressourcen und besonders komplexe juristische Mischformen gekennzeichnet ist. Im Gegensatz zu den älteren Universitäten der Levante und Nordafrikas wurden viele juristische Fakultäten am Golf erst im späten 20. oder frühen 21. Jahrhundert gegründet, oft mit dem expliziten Auftrag des Nationbuilding. Diese junge Entwicklung hat es einigen Institutionen ermöglicht, die Pfadabhängigkeiten zu vermeiden, die ältere Universitäten einschränken, obwohl sie weiterhin in regionalen Traditionen verankert sind.

Die juristische Ausbildung in den Golfstaaten zeichnet sich durch ihre besonders starke Betonung des islamischen Rechts aus, was die zentrale Rolle der Scharia in den Verfassungssystemen und Gesellschaftsverträgen der Golfstaaten widerspiegelt . So widmen die juristischen Curricula in Saudi-Arabien beispielsweise dem Fiqh und Usul al -Fiqh große Aufmerksamkeit , die häufig anhand traditioneller textbasierter Ansätze vermittelt werden. Gleichzeitig haben die Fakultäten der Golfstaaten rasch Einflüsse des Common Law, insbesondere im Handelsrecht, integriert, um ihre Rolle als globale Wirtschaftszentren zu stärken. Dies stellt die Ausbildung vor besondere Herausforderungen im Umgang mit den verschiedenen Rechtstraditionen.

Die Levante – bestehend aus Libanon, Jordanien, Syrien und Palästina – weist die am stärksten institutionalisierte Ausprägung des französisch-ägyptischen Modells auf, was den langjährigen französischen Kolonialeinfluss und die frühe Etablierung juristischer Fakultäten widerspiegelt. Universitäten wie die Saint-Josephs-Universität in Beirut (gegründet 1913) und die Universität Damaskus (gegründet 1923) wurden zu regionalen Vorreitern der juristischen Ausbildung und exportierten sowohl Absolventen als auch Bildungsmodelle in die gesamte arabische Welt. Die Tradition der Levante pflegt besonders enge Verbindungen zur französischen Rechtswissenschaft und passt sich gleichzeitig den lokalen Gegebenheiten an.

Ein besonderes Merkmal der juristischen Ausbildung in der Levante ist ihr sprachlicher Pluralismus. Jura wird an verschiedenen Institutionen, mitunter sogar innerhalb desselben Landes, auf Französisch, Englisch und Arabisch gelehrt. Diese sprachliche Vielfalt spiegelt die komplexe Kolonialgeschichte der Region und ihre gegenwärtige Positionierung zwischen verschiedenen Kulturräumen wider. Obwohl dieser Pluralismus reichhaltige intellektuelle Ressourcen schafft, fragmentiert er die juristische Ausbildung auch und kann sie von der breiteren Gesellschaft entfremden, wenn der Unterricht primär in Fremdsprachen stattfindet, die nur Eliten zugänglich sind.

Nordafrika – einschließlich Marokko, Algerien, Tunesien und Libyen – teilt mit der Levante ein tiefgreifendes französisches Kolonialerbe, hat aber nach der Unabhängigkeit eigenständige Bildungsstrukturen entwickelt. Die juristische Ausbildung in dieser Region orientiert sich nach wie vor stark am französischen Modell, mit vielen Dozenten, die an französischen Universitäten ausgebildet wurden, und fortwährenden institutionellen Partnerschaften. Diese enge Verbindung hat zwar hohe didaktische Standards aufrechterhalten, aber gleichzeitig den Widerstand gegen pädagogische Innovationen und die Entwicklung praktischer Fähigkeiten verstärkt.

Die Maghreb-Region verdeutlicht interessante Unterschiede im Umgang verschiedener Länder mit der Arabisierung der juristischen Ausbildung – dem Übergang von Französisch zu Arabisch als Unterrichtssprache. Tunesien setzte die Arabisierung relativ systematisch um , während Algerien und Marokko den Französischen, insbesondere im Handelsrecht, weiterhin stärker nutzten. Diese Sprachpolitiken haben erhebliche Auswirkungen auf die Qualität der Ausbildung, den Zugang zu internationaler Forschung und die Vernetzung mit der globalen Rechtspraxis und führen zu anhaltenden Debatten über Sprache und juristische Identität.

In allen Regionen besteht eine deutliche Kluft zwischen öffentlichen und privaten Bildungseinrichtungen, wobei letztere oft Vorreiter bei Bildungsreformen sind. Private Universitäten im Libanon, in Jordanien, den Vereinigten Arabischen Emiraten und Katar haben Elemente des Common Law, englischsprachigen Unterricht und praxisorientiertere Ansätze eingeführt und sich damit als Alternative zur traditionellen staatlichen juristischen Ausbildung positioniert. Dies schafft ein Zweiklassensystem, das die Ungleichheiten in der juristischen Ausbildung und den beruflichen Chancen aufgrund des sozioökonomischen Hintergrunds der Studierenden zu verschärfen droht.

Ressourcenungleichheiten stellen einen weiteren wichtigen Unterschied dar: Während die ölreichen Golfstaaten massiv in Bildungsinfrastruktur, die Rekrutierung internationaler Dozenten und die Integration von Technologie investieren, kämpfen staatliche Universitäten in weniger wohlhabenden Ländern mit Überbelegung, Unterfinanzierung und veralteter Ausstattung. Diese Ressourcenunterschiede führen zu grundverschiedenen Bildungserfahrungen und Absolventenkompetenzen, was die Vorstellung einer einheitlichen arabischen Rechtsausbildungslandschaft in Frage stellt und regionale Reformbemühungen erschwert.

Politische Kontexte prägen die juristische Ausbildung in der arabischen Welt zusätzlich. In monarchischen Systemen wie Marokko und Jordanien ist die juristische Ausbildung eng mit staatlichen Institutionen verknüpft und betont die Rolle des öffentlichen Rechts in der Regierungsführung. In postrevolutionären Kontexten wie Tunesien ist die juristische Ausbildung zu einem Schauplatz von Auseinandersetzungen um die verfassungsrechtliche Identität und Rechtswerte geworden. Diese politischen Unterschiede beeinflussen die Lehrplaninhalte, die Autonomie der Lehrenden und die zulässigen Grenzen einer kritischen Auseinandersetzung mit juristischen Institutionen.

Trotz dieser Unterschiede gibt es gemeinsame Herausforderungen, die über regionale Grenzen hinausgehen: die Kluft zwischen Theorie und Praxis, überfüllte Hörsäle, vorlesungsdominierte Lehrmethoden und unsichere Berufsaussichten für Absolventen. Diese gemeinsamen Probleme legen nahe, dass Reformstrategien zwar kontextsensibel sein müssen, aber dennoch erhebliches Potenzial für regionales Lernen und koordinierte Verbesserungsbemühungen besteht. Die Unterschiede selbst bieten natürliche Experimente, aus denen sich allgemeinere Lehren für eine erfolgreiche Anpassung und Innovation in der juristischen Ausbildung ziehen lassen.

Das Verständnis dieser regionalen Vielfalt ist für eine wirksame Reformplanung unerlässlich. Initiativen, die im ressourcenreichen, global vernetzten Kontext des Golfs erfolgreich sind, können in den eingeschränkteren Rahmenbedingungen öffentlicher Universitäten in Nordafrika oder der Levante scheitern. Umgekehrt könnten Innovationen, die in angeschlagenen öffentlichen Einrichtungen entwickelt wurden, effiziente, kontextübergreifend anwendbare Lösungen bieten.

2.4. Stärken und Schwächen des aktuellen Systems

Das vorherrschende Modell der juristischen Ausbildung in der arabischen Welt weist trotz seiner zahlreichen dokumentierten Schwächen gewisse Stärken auf, die seine bemerkenswerte Beständigkeit und regionale Vormachtstellung erklären. Diese Stärken werden in kritischen Analysen oft nicht berücksichtigt, müssen aber bei jedem Reformvorhaben verstanden und bewahrt werden . Gleichzeitig sind die Schwächen des Systems so gravierend, dass sie eine grundlegende Transformation und nicht nur schrittweise Verbesserungen erfordern. Eine ausgewogene Bewertung setzt die realistische Betrachtung beider Dimensionen voraus .

Zu den größten Stärken des Systems zählt die fundierte Vermittlung der Prinzipien des Zivilrechts. Die umfassende Auseinandersetzung mit den relevanten Gesetzbüchern gewährleistet, dass Absolventen über fundierte Kenntnisse des geltenden Rechts in allen wichtigen Rechtsgebieten – Zivil-, Handels-, Straf- und Verwaltungsrecht – verfügen . Dieser systematische Ansatz formt Juristen mit einem ausgeprägten Verständnis des Rechts als integriertes System und nicht nur als Sammlung von Regeln. Dadurch sind sie in der Lage, bei neuartigen, nicht durch spezifische Gesetze geregelten Rechtsproblemen von Grundprinzipien auszugehen.

Das gegenwärtige Modell vermittelt erfolgreich Respekt vor Rechtsinstitutionen und Rechtsstaatlichkeit und sozialisiert Studierende zu einer beruflichen Identität, die auf den öffentlichen Dienst und staatliche Institutionen ausgerichtet ist. Diese Orientierung hat in vielen arabischen Staaten zur Stabilität beigetragen, indem sie Juristen hervorgebracht hat, die sich als Hüter der Rechtsordnung verstehen. Die Betonung des öffentlichen Rechts und der Verfassungsgrundsätze, die mitunter übermäßig formalistisch erscheint, bildet eine wichtige Grundlage für verfassungsmäßige Regierungsführung und administrative Regelmäßigkeit in sich entwickelnden politischen Systemen.

Eine weitere wesentliche Stärke des Systems liegt in seiner Zugänglichkeit und Bezahlbarkeit, insbesondere an staatlichen Universitäten, wo die Studiengebühren minimal oder sogar kostenlos sind. Dies hat eine breite Hochschulbildung im Bereich Jura ermöglicht und den Zugang zum juristischen Beruf für alle Bevölkerungsschichten, die durch teurere Bildungsmodelle ausgeschlossen wären, erheblich erweitert. Obwohl diese Massenbildung Qualitätsbedenken aufwirft , stellt der demokratische Zugang zur juristischen Ausbildung ein wichtiges gesellschaftliches Gut dar, das in jedem reformierten System erhalten bleiben muss.

Das gegenwärtige Modell wahrt wichtige Verbindungen zu Rechtstraditionen, sowohl islamischem als auch zivilem Recht, und sichert so die Kontinuität des juristischen Erbes, das im Zuge der rasanten Modernisierung sonst verloren gehen könnte. Auch wenn islamisches Recht nur oberflächlich vermittelt wird, ermöglicht seine Einbeziehung in den Lehrplan die Auseinandersetzung mit dieser zentralen Dimension der arabischen Rechtsidentität. Ebenso trägt die Bewahrung der zivilen Rechtswissenschaft zum Erhalt einer wichtigen intellektuellen Tradition bei, die in den global dominanten Common-Law-Paradigmen zunehmend an den Rand gedrängt wird.

Die Standardisierung des Systems durch zentrale Lehrplansteuerung schränkt zwar Innovationen ein, gewährleistet aber Mindestqualitätsstandards und nationale Einheitlichkeit in der juristischen Ausbildung. Absolventen verschiedener Institutionen verfügen über gemeinsame Grundlagenkenntnisse, was die berufliche Mobilität fördert und zu einer kohärenten nationalen Rechtskultur beiträgt. Diese Standardisierung vereinfacht zudem die Aufsicht und Akkreditierung und senkt trotz anderer Einschränkungen die Transaktionskosten im Bildungssystem.

Was die Schwächen betrifft, so ist die am häufigsten kritisierte Einschränkung die übermäßige theoretische Ausrichtung auf Kosten der praktischen

Kompetenzentwicklung. Absolventen treten ihre Tätigkeit als Anwälte typischerweise ohne grundlegende Kompetenzen im Verfassen von Schriftsätzen, in der Mandantenberatung, in Verhandlungen oder in der Prozessführung auf – Fähigkeiten, die für eine effektive Anwaltstätigkeit unerlässlich sind . Diese Kompetenzlücke erfordert kostspielige Weiterbildungen seitens der Arbeitgeber und erschwert den Übergang von der Ausbildung in die Berufspraxis, wodurch die berufliche Einsatzbereitschaft von Berufsanfängern beeinträchtigt wird.

Der von passiven Vorlesungen und Auswendiglernen geprägte pädagogische Ansatz stellt eine weitere gravierende Schwäche dar. Diese Methodik fördert keine höheren kognitiven Fähigkeiten wie kritisches Denken, analytisches Schlussfolgern, kreative Problemlösung und professionelles Urteilsvermögen. Studierende lernen, überliefertes Wissen zu reproduzieren, anstatt es zu hinterfragen, zu analysieren oder innovativ zu sein. So entstehen Juristen, die für die komplexen und dynamischen Herausforderungen der heutigen Rechtspraxis schlecht gerüstet sind.

Der Lehrplan weist erhebliche inhaltliche Lücken in Bezug auf zukunftsweisende Rechtsgebiete auf, die für die Praxis im 21. Jahrhundert unerlässlich sind. Technologierecht, geistiges Eigentum, internationale

Schiedsgerichtsbarkeit, Umweltrecht und transnationale Handelsregulierung finden in den meisten Studiengängen nur geringe Beachtung, obwohl ihre Bedeutung auf den globalen und regionalen Rechtsmärkten stetig wächst. Diese Stagnation im Lehrplan führt dazu, dass Absolventen für Tätigkeitsfelder mit dem größten Wachstumspotenzial unzureichend vorbereitet sind und die nationale Wettbewerbsfähigkeit in wissensintensiven Branchen beeinträchtigt wird.

Das System bereitet unzureichend auf die Globalisierung und grenzüberschreitende Rechtspraxis vor. Trotz des zunehmend transnationalen Charakters rechtlicher Probleme bleiben die meisten Lehrpläne dezidiert national ausgerichtet und bieten nur eine begrenzte vergleichende Perspektive oder Auseinandersetzung mit internationalen Rechtsordnungen. Sprachpolitische Maßnahmen verstärken diese Abschottung oft noch, da der Unterricht in Sprachen stattfindet, die vom globalen Rechtsdiskurs oder der praktischen Rechtspraxis in zunehmend zweisprachigen Rechtssystemen abgekoppelt sind.

Prüfungsmethoden, die sich stark auf Abschlussprüfungen stützen, fördern oberflächliche Lernstrategien, die auf kurzfristiges Auswendiglernen statt auf tiefes Verständnis oder die Entwicklung von Kompetenzen abzielen. Das leistungsorientierte, umfassende Prüfungsformat erzeugt übermäßigen Stress, misst wichtige berufliche Kompetenzen nicht und bietet nur wenig Feedback zur Verbesserung. Dieses Prüfungssystem verzerrt den Bildungsprozess hin zur Prüfungsvorbereitung anstatt zu authentischem Lernen.

Die drastische Vergrößerung der Hörsäle an staatlichen Universitäten hat die Qualität der Ausbildung verschlechtert und die juristische Ausbildung von einer professionellen Berufsausbildung hin zu einer reinen Wissensvermittlung verkommen lassen. Überfüllte Vorlesungen verhindern jegliche Interaktion, individuelles Feedback oder Mentoring-Beziehungen zwischen Studierenden und Lehrenden. Diese Industrialisierung der juristischen Ausbildung hat besonders gravierende Folgen für die Entwicklung von Kompetenzen und ethischen Grundsätzen, die eine individuelle Betreuung erfordern.

Die Kluft zwischen juristischer Ausbildung und Rechtspraxis stellt eine grundlegende Systemschwäche dar. Juristische Fakultäten arbeiten mit minimalem Input und kaum Zusammenarbeit mit praktizierenden Anwälten, Richtern oder Arbeitgebern im Rechtsbereich. Diese Isolation von der Praxis führt dazu, dass die Lehrinhalte abstrakt und theoretisch bleiben, während Entwicklungen in der Praxis keinen Eingang in die akademischen Lehrpläne finden. Die Folge ist eine zunehmende Diskrepanz zwischen dem, was juristische Fakultäten lehren, und den Anforderungen der Rechtspraxis.

Letztlich bietet das System zukünftigen Juristen eine unzureichende ethische Ausbildung. Die berufliche Verantwortung wird nur am Rande behandelt, typischerweise als theoretisches Thema und nicht als integraler Bestandteil des Curriculums. Diese Vernachlässigung der ethischen Dimension ist besonders problematisch in Kontexten mit schwachen Rechtsinstitutionen und erheblichen Herausforderungen im Bereich der Regierungsführung, wo ethisch handelnde Juristen unerlässlich sind, um das Vertrauen der Öffentlichkeit in das Rechtssystem zu stärken und die Rechtsstaatlichkeit zu fördern.

Diese ausgewogene Bewertung legt nahe, dass die Reform auf den Stärken des Systems – seiner doktrinären Gründlichkeit, Zugänglichkeit und Traditionsverbundenheit – aufbauen und gleichzeitig seine Schwächen in den Bereichen Kompetenzentwicklung, Pädagogik, Aktualität der Lehrpläne und berufliche Weiterbildung systematisch angehen sollte. Der vielversprechendste Reformweg besteht in einer evolutionären Transformation, die Bewährtes bewahrt und bei Bedarf Innovationen einführt, anstatt in einem revolutionären Umbruch, der wertvolle Elemente zusammen mit mangelhaften verwerfen könnte.

Kapitel 3: Die Kluft zwischen Theorie und Praxis: Herausforderungen im 21. Jahrhundert

3.1. Die übermäßige Betonung von Auswendiglernen und theoretischem Wissen

Die pädagogische Grundlage der juristischen Ausbildung in weiten Teilen der arabischen Welt beruht unverhältnismäßig stark auf Auswendiglernen und theoretischer Vermittlung. Dies führt zu einer grundlegenden Diskrepanz zwischen den für eine effektive Rechtspraxis erforderlichen Kompetenzen und dem tatsächlichen Bedarf. Diese Überbetonung stellt nicht nur eine überholte Lehrmethode dar, sondern eine tief verwurzelte Bildungsphilosophie, die das Wesen juristischen Wissens und der beruflichen Ausbildung verkennt. Die Folgen dieses Ansatzes reichen weit über mangelndes Interesse im Unterricht hinaus und beeinträchtigen die Qualität der Rechtsdienstleistungen sowie die Entwicklung der Rechtssysteme in der gesamten Region.

Der auf Auswendiglernen ausgerichtete Ansatz zeigt sich am deutlichsten in der Dynamik des Unterrichts, wo Studierende die Vorlesungen der Professoren passiv und wortgetreu mitschreiben und diese Notizen später für Prüfungen auswendig lernen. Dieser Prozess wandelt die juristische Ausbildung von intellektueller Auseinandersetzung zu reiner Informationsspeicherung und priorisiert das Abrufen von Wissen gegenüber Verständnis, Anwendung oder

Kritik. Die für die Anwaltstätigkeit unerlässlichen komplexen Denkfähigkeiten analoges Denken, Unterscheidung von Präzedenzfällen, Argumentationsaufbau bleiben weitgehend unterentwickelt, wenn die kognitive Anstrengung vorwiegend auf das Auswendiglernen konzentriert ist.

Dieses pädagogische Modell hat seine historischen Wurzeln in verschiedenen Traditionen: der französischen exegetischen Methode der Kodexkommentierung, der islamischen Praxis des Auswendiglernens von Texten in der traditionellen Bildung und dem bürokratischen Bedürfnis postkolonialer Staaten nach einer berechenbaren Rechtsverwaltung. Jede dieser Traditionen hat ihre Vorzüge, doch ihre Konvergenz in der heutigen juristischen Ausbildung hat ein System hervorgebracht, das die passive Aufnahme etablierten Wissens überbewertet und die aktive Entwicklung von Rechtsverständnis durch Hinterfragen, Analysieren und Anwenden unterbewertet.

Das Prüfungssystem verstärkt diese Auswendiglernkultur durch Prüfungen mit hohem Einsatz, die primär das Abrufen von Rechtsvorschriften und dogmatischen Grundsätzen prüfen, anstatt analytisches Denken oder praktisches Urteilsvermögen zu fördern. Studierende erkennen schnell, dass akademischer Erfolg von effizienten Auswendiglernstrategien abhängt, anstatt von einer tieferen Auseinandersetzung mit juristischen Inhalten oder der

Entwicklung beruflicher Kompetenzen. Diese Prüfungsstruktur führt effektiv dazu, dass selbst gut gemeinte pädagogische Innovationen scheitern, sobald Studierende erkennen, dass Auswendiglernen nach wie vor der sicherste Weg zum Abschluss ist.

Die theoretische Ausrichtung der juristischen Ausbildung verschärft dieses Problem zusätzlich, indem sie das Recht als ein abgeschlossenes, kohärentes Regelsystem darstellt, das es zu beherrschen gilt, anstatt als ein dynamisches, umkämpftes Feld beruflicher Praxis. Studierende begegnen dem Recht primär als abstrakter Doktrin und nicht als Instrument zur Problemlösung in konkreten Kontexten. Diese theoretische Rahmung entfernt die juristische Ausbildung von der komplexen Realität der Rechtspraxis, in der Mehrdeutigkeit, Strategie, Ethik und praktische Zwänge die juristische Entscheidungsfindung ebenso stark prägen wie formale Doktrinen.

Die übermäßige Betonung der Theorie führt insbesondere in hybriden Rechtssystemen zu Schwierigkeiten, in denen verschiedene Rechtstraditionen – Zivilrecht, islamisches Recht, Gewohnheitsrecht – nebeneinander bestehen und mitunter in Konflikt geraten. Studierende, die Regeln aus unterschiedlichen Traditionen auswendig lernen, verfügen oft nicht über die konzeptionellen Werkzeuge, um Konflikte zu bewältigen oder Prinzipien aus diesen

Rechtssystemen zu synthetisieren. Dies führt zu Juristen, die zwar Rechtsnormen rezitieren können, aber Schwierigkeiten haben, kohärente Beratung zu leisten, wenn die Probleme ihrer Mandanten mehrere Rechtsbereiche betreffen oder Spannungen zwischen verschiedenen Rechtssystemen beinhalten.

Die kognitiven Folgen dieses Bildungsansatzes sind gravierend und besorgniserregend. Indem das gegenwärtige System grundlegende Denkfähigkeiten (Erinnern, Verstehen) gegenüber höheren Fähigkeiten (Anwenden, Analysieren, Bewerten, Gestalten) priorisiert, gelingt es ihm nicht, die anspruchsvollen kognitiven Fähigkeiten zu entwickeln, die der juristische Beruf erfordert. Die Lernforschung zeigt, dass Wissen, das primär durch Auswendiglernen ohne Anwendung erworben wurde, schnell wieder vergessen und nur schlecht auf neue Kontexte übertragen werden kann – genau das Gegenteil dessen, was eine effektive juristische Ausbildung bewirken sollte.

Die professionelle Ausbildung von Juristen leidet unter diesem Modell erheblich. Die juristische Praxis erfordert nicht nur Rechtskenntnisse, sondern auch eine „professionelle Denkweise" – eine besondere Art des Denkens, Argumentierens und Urteilens, die Wissen, Fertigkeiten und Werte integriert. Diese professionelle Kognition entwickelt sich durch wiederholte Übung in

Rechtsanalyse, Argumentationsaufbau und ethischer Entscheidungsfindung, die in einer auf Auswendiglernen ausgerichteten juristischen Ausbildung jedoch nur eine untergeordnete Rolle spielen. Das Ergebnis sind Absolventen, die zwar den Gesetzestext kennen, aber nicht, wie man juristisch denkt.

Die Globalisierung der Rechtspraxis hat das auf Auswendiglernen basierende Modell zunehmend überholt. In einer Welt, in der Rechtsinformationen über digitale Datenbanken sofort zugänglich sind, liegt der Mehrwert von Juristen nicht in ihrem Wissen über Rechtsnormen, sondern in ihrer Fähigkeit, komplexe Rechtslandschaften zu interpretieren, anzuwenden und strategisch zu durchdringen. Das gegenwärtige Ausbildungsmodell produziert jedoch weiterhin Absolventen, die für ein vordigitales Rechtsumfeld optimiert sind, in dem der Zugang zu Rechtsinformationen begrenzt war und Auswendiglernen einen beruflichen Vorteil bot.

Aus institutioneller Sicht spiegelt das Fortbestehen dieses überholten pädagogischen Modells mehrere strukturelle Faktoren wider: große Klassen, die interaktives Lehren erschweren, Beförderungssysteme für Dozenten, die Publikationen gegenüber innovativen Lehrmethoden bevorzugen, regulatorische Rahmenbedingungen, die eine umfassende Behandlung der Lehrinhalte vorschreiben, und kulturelle Erwartungen an die Rolle des Lehrers als autoritative Wissensquelle. Diese strukturellen Zwänge wirken als starke Hemmnisse für pädagogische Veränderungen, selbst wenn einzelne Dozenten die Grenzen der aktuellen Ansätze erkennen .

Die Dominanz der Theorie des Auswendiglernens hat besonders gravierende Folgen für die Innovation und Weiterentwicklung des Rechts. Rechtssysteme entwickeln sich durch die kritische Auseinandersetzung mit bestehender Doktrin und die kreative Entwicklung neuer Lösungsansätze für Rechtsprobleme. Indem das gegenwärtige System Studierende zur passiven Akzeptanz etablierten Rechtswissens erzieht, erstickt es die für die Rechtsentwicklung unerlässlichen kritischen und kreativen Fähigkeiten. Dieser Konservatismus in der juristischen Ausbildung verstärkt indirekt die Stagnation des Rechts in Gesellschaften, die dynamische Rechtsrahmen für Entwicklung und Reform benötigen.

Die psychologischen Auswirkungen auf Studierende stellen eine weitere besorgniserregende Dimension dieses Bildungsansatzes dar. Der ständige Druck, riesige Mengen an Stoff auswendig zu lernen, erzeugt erheblichen Stress, fördert oberflächliche Lernstrategien und mindert die intrinsische Motivation für das Jurastudium. Viele intellektuell begabte Studierende verlieren das Interesse an der juristischen Ausbildung, wenn diese ihre analytischen Fähigkeiten nicht fördert oder nicht mit ihren beruflichen Zielen in Verbindung steht. Dies stellt eine tragische Verschwendung menschlichen Potenzials und zukünftiger Führungskräfte in der Rechtsbranche dar.

Um dieses grundlegende Ungleichgewicht zu beheben, reicht es nicht aus, den bestehenden Lehrplan um praktische Übungen zu ergänzen; vielmehr muss der Zweck und die Methoden der juristischen Ausbildung grundlegend überdacht werden. Die Alternative besteht nicht in der Aufgabe theoretischen Wissens – das weiterhin unerlässlich ist –, sondern in dessen Integration mit praktischer Anwendung in einem ausgewogenen Bildungsansatz. Diese Integration erkennt an, dass sich theoretisches Verständnis durch Anwendung vertieft, während praktische Fertigkeiten ein theoretisches Fundament benötigen. So entsteht ein positiver Lernkreislauf, der Studierende auf die intellektuellen Anforderungen der juristischen Praxis vorbereitet.

Die Transformation dieser tief verwurzelten Bildungskultur stellt wohl die größte Herausforderung für die Reform der juristischen Ausbildung in der arabischen Welt dar. Erfolg erfordert gleichzeitiges Handeln auf mehreren Ebenen: die Weiterbildung der Dozenten in interaktiven Lehrmethoden, die Neugestaltung von Prüfungssystemen zur Messung komplexer Denkprozesse, die Verkleinerung der Klassengrößen, wo immer möglich, die Entwicklung von

Lehrmaterialien, die aktives Lernen fördern, und ein umfassender Kulturwandel innerhalb der juristischen Wissenschaften hinsichtlich des Wesens juristischen Wissens und der beruflichen Ausbildung. Nur dieser ganzheitliche Ansatz kann die juristische Ausbildung hin zu den anspruchsvollen kognitiven und praktischen Kompetenzen ausrichten, die der Anwaltsberuf tatsächlich benötigt.

3.2. Die Vernachlässigung praktischer Fähigkeiten: Juristisches Schreiben, Verfassen von Schriftsätzen und Prozessführung

Die systematische Vernachlässigung praktischer juristischer Fähigkeiten stellt eines der eklatantesten Defizite der zeitgenössischen arabischen Juristenausbildung dar und führt zu einer gravierenden Diskrepanz zwischen den Kompetenzen der Absolventen und den Anforderungen des Berufsstands. Zwar verfügen die juristischen Fakultäten über umfassende theoretische Kenntnisse, doch versäumen sie es regelmäßig, ihnen grundlegende Kompetenzen im juristischen Schreiben, Verfassen von Schriftsätzen und in der Prozessführung zu vermitteln – genau jene Fähigkeiten, die die tägliche Rechtspraxis und die Mandantenbetreuung prägen. Diese Kompetenzlücke hat tiefgreifende Folgen für die berufliche Effektivität, die Beschäftigungsfähigkeit und die Gesamtqualität der Rechtsdienstleistungen in der Region.

Juristisches Schreiben – die Fähigkeit, Rechtsfragen zu analysieren und diese Analyse klar, präzise und überzeugend darzustellen – ist in den meisten Studiengängen nach wie vor unzureichend gefördert. Studierende erhalten nur wenig Anleitung, juristische Argumente zu strukturieren, Recht auf Sachverhalte anzuwenden, Quellen korrekt zu zitieren oder überzeugende Texte zu verfassen. Schreibaufgaben bestehen typischerweise aus theoretischen Essays statt aus praktischen juristischen Dokumenten, und das Feedback konzentriert sich auf die inhaltliche Richtigkeit anstatt auf die Schreibtechnik. Diese Vernachlässigung führt zu Absolventen, die Schwierigkeiten haben, die klare, analytische Schreibweise zu verfassen, die die juristische Praxis erfordert.

Die Kunst des juristischen Schreibens – die Erstellung verbindlicher Rechtsdokumente wie Verträge, Schriftsätze und Gesetze – erfährt trotz ihrer zentralen Bedeutung für die Transaktionspraxis und die Prozessführung noch weniger Aufmerksamkeit. Die meisten Absolventen treten in die Praxis ein, ohne während ihres Studiums einen einzigen Vertrag oder Schriftsatz verfasst zu haben. Dies zwingt Arbeitgeber dazu, grundlegende Schulungen im Verfassen von Dokumenten anzubieten, die eigentlich von den juristischen Fakultäten vermittelt werden sollten. Dieser Mangel ist besonders problematisch in Volkswirtschaften, die sich in einer Phase rasanter

Entwicklung und Integration in globale Märkte befinden, wo ausgefeilte Kenntnisse im Verfassen von Dokumenten für komplexe Transaktionen unerlässlich sind.

Die Vermittlung von Fähigkeiten zur Interessenvertretung – einschließlich mündlicher Argumentation, Verhandlungsführung und Mandantenberatung – ist im Standardcurriculum nahezu vollständig unterrepräsentiert. Das vorlesungsbasierte Format bietet Studierenden keine Möglichkeit, ihre Fähigkeiten im mündlichen Vortrag zu entwickeln, überzeugende Argumente spontan zu formulieren oder die zwischenmenschlichen Dynamiken juristischer Verhandlungen zu üben. Zwar gibt es an einigen Hochschulen Moot-Court-Programme, diese erreichen jedoch in der Regel nur eine kleine Gruppe von besonders qualifizierten Studierenden, anstatt in die Kernausbildung aller Jurastudierenden integriert zu sein.

Die Folgen dieses Fachkräftemangels sind für Arbeitgeber im juristischen Bereich unmittelbar spürbar. Sie berichten übereinstimmend, dass Hochschulabsolventen umfangreiche – und kostspielige – Weiterbildungen benötigen, bevor sie grundlegende juristische Aufgaben übernehmen können. Anwaltskanzleien, Rechtsabteilungen von Unternehmen und Behörden müssen erhebliche Ressourcen investieren, um die Lücke zwischen akademischer

Ausbildung und praktischer Einsatzfähigkeit zu schließen. Dies mindert die Effizienz der Organisationen und erhöht die Kosten für juristische Dienstleistungen. Besonders kleine Kanzleien und Einzelanwälte, denen die Mittel für eine umfassende Weiterbildung fehlen, sind von diesem Fachkräftemangel betroffen.

Aus Sicht der beruflichen Weiterentwicklung erschwert das Fehlen von Kompetenztrainings den Übergang vom Studium in die Berufspraxis. Absolventen erleben oft einen „Praxisschock", wenn sie mit den tatsächlichen Anforderungen der juristischen Arbeit konfrontiert werden, was zu Angstzuständen, Minderleistung und Unzufriedenheit zu Beginn der Karriere führt. Dieser holprige Übergang trägt zu hohen Abbrecherquoten unter jungen Juristen bei und stellt einen bedauerlichen Verlust an Talenten für die Anwaltschaft dar – gerade in einer Zeit, in der arabische Länder dringend qualifizierte Juristen benötigen.

Der Mangel an praktischen Fähigkeiten hat besonders gravierende Folgen für den Zugang zum Recht und die Effizienz des Rechtssystems. Fehlen Anwälten fundierte Kenntnisse im Verfassen von Schriftsätzen, werden Rechtsdokumente unklar und die Zahl der Rechtsstreitigkeiten steigt. Können Anwälte ihre Mandanten nicht effektiv vertreten, werden Gerichtsverfahren ineffizienter und die Rechtsprechung verzögert sich. Können Anwälte nicht klar mit ihren Mandanten kommunizieren, schwindet das Vertrauen der Öffentlichkeit in das Rechtssystem. Die Vernachlässigung praktischer Fähigkeiten in der juristischen Ausbildung beeinträchtigt somit letztlich die gesamte Rechtspflege und die Rechtsstaatlichkeit.

Die theoretische Begründung für diese Vernachlässigung stützt sich häufig auf die im Zivilrecht verankerte Trennung zwischen akademischer Ausbildung und beruflicher Weiterbildung. Demnach sollten Universitäten die theoretischen Grundlagen vermitteln, während berufliche Kompetenzen durch praktische Erfahrung oder spezialisierte Ausbildungsprogramme erworben werden. Diese traditionelle Unterscheidung hat sich jedoch angesichts der Globalisierung der Rechtspraxis, der zunehmenden Komplexität juristischer Tätigkeiten und der Erwartung von Arbeitgebern, dass Absolventen über grundlegende Praxiskenntnisse verfügen, als überholt erwiesen.

Die Erklärung der Ressourcenknappheit – dass Kompetenztraining kleine Kurse und intensive Betreuung durch Dozenten erfordert, was die juristische Massenausbildung nicht leisten kann – ist zwar plausibel, aber letztlich unzureichend. Zwar ist Kompetenzentwicklung ressourcenintensiv, doch ihr vollständiges Fehlen im Kerncurriculum stellt ein Bildungsversagen mit erheblichen gesellschaftlichen Kosten dar. Kreative Ansätze im Kompetenztraining – durch den Einsatz von Technologie, die Einbindung von Praktikern und gestaffelte Betreuung – können Kompetenzentwicklung auch in ressourcenarmen Umgebungen ermöglichen .

Die Vernachlässigung praktischer Fertigkeiten spiegelt auch breitere kulturelle Muster im arabischen Hochschulwesen wider, die theoretischem Wissen den Vorrang vor angewandter Kompetenz einräumen. Diese Wissenshierarchie, die zwar historisch bedingt ist, hat sich in der Berufsausbildung, die Absolventen auf spezifische berufliche Rollen vorbereiten soll, zunehmend als dysfunktional erwiesen. Das Versäumnis der juristischen Ausbildung, diese Hierarchie zu hinterfragen, führt dazu, dass sie in der Praxis, der sie angeblich dienen soll, irrelevant wird und somit sowohl ihren gesellschaftlichen Nutzen als auch ihren Anspruch auf öffentliche Mittel untergräbt.

Der globale Trend in der juristischen Ausbildung geht eindeutig in Richtung der Integration von Theorie und Praxis, wobei die Vermittlung von praktischen Fähigkeiten zum zentralen Bestandteil der juristischen Ausbildung geworden ist. Führende juristische Fakultäten weltweit haben erfahrungsorientiertes Lernen als wesentlichen Bestandteil der juristischen Ausbildung anerkannt, da sie wissen, dass sich berufliche Kompetenzen durch angeleitete Praxis und

Reflexion und nicht allein durch theoretischen Unterricht entwickeln. Die Abkopplung der arabischen juristischen Ausbildung von diesem globalen Trend birgt die Gefahr, Absolventen hervorzubringen, die auf den zunehmend integrierten regionalen und globalen Rechtsmärkten nicht wettbewerbsfähig sind.

Um den Kompetenzmangel zu beheben, ist ein grundlegendes Überdenken der Lehrplanprioritäten und pädagogischen Ansätze erforderlich. Juristisches Schreiben sollte als Pflichtfach im ersten Studienjahr eingeführt und durch schreibintensive Kurse im gesamten Studium vertieft werden. Die Fähigkeiten im Verfassen von Schriftsätzen sollten durch simulierte Transaktionen und Übungen zur Dokumentenerstellung entwickelt werden. Die Fähigkeiten in der Prozessführung sollten durch obligatorische Moot Courts, Verhandlungsworkshops und simulierte Mandantengespräche gefördert werden. Diese Kompetenzbausteine müssen systematisch integriert und dürfen nicht als isolierte Zusatzangebote vermittelt werden .

Die Weiterentwicklung des Lehrpersonals stellt einen weiteren wesentlichen Bestandteil der Reform der praktischen Ausbildung dar. Viele Jura-Professoren verfügen selbst nur über begrenzte Praxiserfahrung und fühlen sich möglicherweise nicht ausreichend vorbereitet, praktische Fertigkeiten zu vermitteln. Die Schaffung von Weiterbildungsprogrammen für Lehrende, die diese Lehrkompetenzen stärken – beispielsweise durch die Zusammenarbeit mit praktizierenden Anwälten und Richtern –, ist entscheidend für die nachhaltige Integration von Kompetenztraining in den Lehrplan. Auch die Anreizsysteme müssen weiterentwickelt werden, um neben traditionellen wissenschaftlichen Publikationen auch innovative Lehrmethoden und die Vermittlung von praktischen Fertigkeiten zu honorieren.

Letztlich erfordert die Behebung der Vernachlässigung praktischer Fähigkeiten die Erkenntnis, dass die juristische Ausbildung zwei Verpflichtungen hat: die Rechtswissenschaft durch theoretische Forschung voranzubringen und durch die Entwicklung praktischer Fähigkeiten kompetente Juristen auszubilden. Dies sind keine konkurrierenden Prioritäten, sondern sich ergänzende Dimensionen der beruflichen Ausbildung. Indem die arabische juristische Ausbildung Theorie und Praxis gleichermaßen einbezieht, kann sie Absolventen hervorbringen, die das Recht nicht nur intellektuell verstehen, sondern dieses Verständnis auch effektiv im Dienste ihrer Mandanten, der Gerechtigkeit und der gesellschaftlichen Entwicklung einsetzen können.

3.3. Die Lücke in aufstrebenden Bereichen: Technologierecht, internationale Schiedsgerichtsbarkeit und Menschenrechte

Das rasante Tempo des Rechtswandels hat erhebliche Diskrepanzen zwischen den etablierten Lehrplänen der juristischen Fakultäten und den neuen Rechtsgebieten geschaffen, die die Praxis des 21. Jahrhunderts zunehmend prägen. Während arabische juristische Fakultäten weiterhin traditionelle Fächer lehren, die auf Rechtsparadigmen des 20. Jahrhunderts basieren, vernachlässigen sie weitgehend wichtige neue Bereiche wie Technologierecht, internationale Schiedsgerichtsbarkeit und Menschenrechte. Diese Lücke im Lehrplan führt dazu, dass Absolventen für immer wichtiger werdende Praxisfelder unzureichend vorbereitet sind und die regionale Fähigkeit zur Bewältigung komplexer, zeitgenössischer rechtlicher Herausforderungen geschwächt wird.

Technologierecht stellt angesichts seiner tiefgreifenden Auswirkungen auf die Rechtspraxis und das materielle Recht wohl die eklatanteste Lücke im Lehrplan dar. Digitale Technologien haben völlig neue Rechtsgebiete geschaffen – Cyberkriminalität, Datenschutz, Regulierung künstlicher Intelligenz, Plattformhaftung, digitales geistiges Eigentum –, die an den meisten arabischen juristischen Fakultäten kaum Beachtung finden. Selbst die Auswirkungen der Technologie auf die traditionelle Rechtspraxis durch Legal Tech, E- Discovery und Online-Streitbeilegung bleiben in den juristischen Lehrplänen weitgehend unerforscht.

Die Folgen dieses Defizits im Technologierecht sind vielschichtig und gravierend. Ohne Juristen mit Kenntnissen im Datenschutzrecht riskieren arabische Unternehmen, die immer strengeren globalen Standards nicht einzuhalten. Ohne Expertise im Bereich der Cyberkriminalitätsgesetzgebung haben Strafverfolgungsbehörden und Justiz Schwierigkeiten, digitale Straftaten zu verfolgen. Ohne ein Verständnis der Plattformregulierung können Regierungen die gesellschaftlichen Auswirkungen von Technologieunternehmen nicht effektiv steuern. Diese Wissenslücke auf professioneller Ebene behindert die Entwicklung kohärenter Rechtsrahmen für die digitale Transformation.

Internationale Schiedsgerichtsbarkeit hat sich als bevorzugter Mechanismus zur Beilegung von Streitigkeiten im grenzüberschreitenden Wirtschaftsverkehr etabliert. Dennoch erhalten die meisten arabischen Juraabsolventen nur wenig Einblick in dieses Gebiet. Schiedsrecht, -verfahren und -praxis werden, wenn überhaupt, meist nur oberflächlich behandelt, obwohl die Region im Welthandel an Bedeutung gewinnt und Schiedsgerichtsbarkeit zunehmend in nationale Rechtssysteme Einzug hält. Diese Vernachlässigung der Ausbildung besteht, obwohl Golfstaaten wie die Vereinigten Arabischen Emirate, Katar und Saudi-Arabien massiv in den Aufbau internationaler Schiedsgerichtszentren investieren.

Die Folgen dieser Lücke in der Schiedsgerichtsausbildung für die Humanressourcen sind erheblich. Internationale Verfahren mit arabischer Beteiligung werden häufig von ausländischen Anwälten und Schiedsrichtern geleitet, während einheimische Juristen trotz ihrer kulturellen und sprachlichen Vorteile nur eine untergeordnete Rolle spielen. Dies bedeutet sowohl einen Verlust an wirtschaftlichen Chancen für arabische Juristen als auch eine Schwächung der regionalen Perspektive in der Streitbeilegung. Der Aufbau lokaler Kapazitäten in der internationalen Schiedsgerichtsbarkeit erfordert die systematische Integration dieses Bereichs in die juristische Ausbildung, anstatt ihn spezialisierten postgradualen Programmen zu überlassen.

Das Menschenrechtsrecht nimmt in der arabischen Juristenausbildung eine ambivalente Stellung ein: Es ist zwar im Verfassungsdiskurs allgegenwärtig, wird aber in der praktischen Ausbildung vernachlässigt. Obwohl die meisten Verfassungen der Region umfassende Bestimmungen zu Menschenrechten enthalten und internationale Menschenrechtsverträge weitgehend ratifiziert wurden, findet die praktische Umsetzung von Menschenrechtsnormen in den juristischen Curricula kaum Beachtung. Diese Diskrepanz zwischen der formalen Anerkennung von Rechten und ihrer praktischen Durchsetzung durch Rechtsvertretung stellt ein gravierendes Versagen der Juristenausbildung dar.

Die Lücke in der Menschenrechtsbildung tritt insbesondere in Übergangs- und Reformkontexten deutlich hervor, in denen Juristen eine entscheidende Rolle bei der Umsetzung verfassungsrechtlicher Garantien und dem Aufbau von Institutionen spielen, die die Menschenrechte achten. Ohne systematische Schulung in internationalen Menschenrechtsstandards, Prozessstrategien und Mechanismen der Übergangsjustiz sind Juristen unzureichend gerüstet, um effektiv zu Reformen der Regierungsführung und zum sozialen Wandel beizutragen. Dies stellt eine verpasste Chance für die juristische Ausbildung dar, direkt zur politischen Entwicklung und sozialen Gerechtigkeit beizutragen.

Neben diesen spezifischen Bereichen erfahren auch breiter angelegte, aufstrebende Gebiete unzureichende Aufmerksamkeit. Das Umweltrecht ist trotz drängender regionaler Herausforderungen wie Wasserknappheit und Klimawandel weiterhin unterentwickelt. Das Recht des geistigen Eigentums wird trotz seiner Bedeutung für wissensbasierte Volkswirtschaften nur oberflächlich behandelt. Internationales Handelsrecht wird oft anhand veralteter Paradigmen gelehrt, die den Realitäten des globalen Handels nicht gerecht werden. Gesundheitsrecht, Einwanderungsrecht und andere Spezialgebiete konkurrieren im Lehrplan mit traditionellen Lehrinhalten.

Die Lücken im Curriculum neuer Rechtsgebiete spiegeln strukturelle Starrheiten in den juristischen Ausbildungssystemen wider. Zentralisierte Curriculumssteuerung führt zu langsamen Anpassungsprozessen, während bei der Einstellung und Beförderung von Dozenten traditionelle Fachgebiete oft Vorrang vor neuen Bereichen haben. Das vorlesungsbasierte Lehrmodell stößt an seine Grenzen, wenn es darum geht, sich rasch entwickelnde Bereiche zu integrieren, in denen es noch keine gefestigte Rechtsprechung gibt. Diese strukturellen Faktoren führen zu einem inhärenten Konservatismus in der Curriculumsentwicklung, der hinter der Entwicklung der Rechtspraxis zurückbleibt.

Die Folgen dieser Lücken im Lehrplan reichen weit über die individuelle Berufsvorbereitung hinaus und beeinflussen die nationale Entwicklung und die globale Integration. Staaten können neue Technologien nicht effektiv regulieren ohne Juristen mit Fachkenntnissen im Technologierecht. Sie können keine komplexen internationalen Transaktionen anziehen ohne Expertise im Schiedsverfahren. Sie können keine die Menschenrechte achtenden Regierungsstrukturen aufbauen ohne entsprechende Kompetenzen im

Menschenrechtsrecht. Daher haben die Mängel im juristischen Ausbildungscurriculum makroökonomische und politische Implikationen, die weit über den Markt für Rechtsdienstleistungen hinausgehen.

Um diese Lücken zu schließen, reicht es nicht aus, bestehende Lehrveranstaltungen um neue Kurse zu ergänzen; vielmehr bedarf es eines grundlegenden Umdenkens in Bezug auf Lehrplanphilosophie und -gestaltung. Die juristische Ausbildung muss modularer und flexibler gestaltet werden, um den sich rasch entwickelnden Fachgebieten gerecht zu werden. Sie muss Mechanismen zur kontinuierlichen Überprüfung und Aktualisierung des Lehrplans entwickeln. Zudem muss sie Spezialisierungswege schaffen, die es Studierenden ermöglichen, Expertise in neuen Bereichen zu erwerben und gleichzeitig ein solides Grundlagenwissen zu bewahren.

Die Weiterentwicklung des Lehrpersonals ist ein weiterer entscheidender Bestandteil der Curriculumsmodernisierung. Vielen Dozierenden fehlt es an Expertise in neuen Fachgebieten, was die Besetzung neuer Kurse erschwert. Strategische Personalauswahl, interdisziplinäre Zusammenarbeit, Einbindung von Praktikern und Weiterbildungsprogramme für Dozierende können dazu beitragen, die Kapazitäten in prioritären Bereichen auszubauen. Anreizsysteme müssen weiterentwickelt werden, um das Engagement der Dozierenden in neuen Fachgebieten zu fördern, anstatt ausschließlich traditionelle Forschung zu belohnen.

Die Curriculumreform sollte eher auf Integration als auf bloßer Ergänzung basieren. Neue Fachgebiete sollten nicht einfach an bereits überfüllte Lehrpläne angehängt, sondern mit traditionellen Fächern integriert werden – beispielsweise durch die Erforschung technologischer Aspekte des geistigen Eigentums, menschenrechtlicher Dimensionen des Strafprozessrechts oder schiedsgerichtlicher Elemente des Handelsrechts. Dieser Integrationsansatz bereichert traditionelle Fächer und etabliert neue Fachgebiete als festen Bestandteil der juristischen Grundausbildung, anstatt sie als Randgebiete abzutun.

Um die Lücke im Lehrplan neuer Rechtsgebiete zu schließen, muss die juristische Ausbildung letztlich ihrer zukunftsorientierten Aufgabe gerecht werden. Juristische Fakultäten sollten nicht nur bestehendes Rechtswissen vermitteln, sondern Studierende auf eine juristische Zukunft vorbereiten, die sich deutlich von der Gegenwart unterscheiden wird. Diese vorausschauende Funktion erfordert die Berücksichtigung von Trends, die die Rechtspraxis prägen, und eine proaktive Lehrplanentwicklung, die Absolventen nicht nur auf das heutige Rechtsumfeld, sondern auch auf die juristischen Herausforderungen und Chancen von morgen vorbereitet.

3.4. Globalisierung und ihre Auswirkungen: Der Bedarf an wettbewerbsfähigen Hochschulabsolventen

Die Globalisierung hat die Rechtslandschaft grundlegend verändert und einen dringenden Bedarf an Reformen der juristischen Ausbildung geschaffen, der über die Verbesserung der nationalen Rechtslage hinausgeht und die internationale Wettbewerbsfähigkeit umfasst. Arabische Juraabsolventen agieren heute auf zunehmend integrierten regionalen und globalen Rechtsmärkten, wo sie nicht nur untereinander, sondern auch mit Juristen konkurrieren, die in unterschiedlichen Ausbildungstraditionen ausgebildet wurden. Dieser Wettbewerbsdruck, verbunden mit dem transnationalen Charakter aktueller Rechtsprobleme, erfordert eine grundlegende Neuausrichtung der juristischen Ausbildung, um Absolventen hervorzubringen, die in globalisierten Rechtsumgebungen effektiv arbeiten können.

Die wirtschaftliche Dimension der Globalisierung hat eine Rechtspraxis hervorgebracht, die regelmäßig nationale Grenzen überschreitet, insbesondere im Handelsrecht, Finanzwesen und in der Streitbeilegung. Arabische Anwälte bearbeiten zunehmend Fälle mit ausländischen Parteien, anwendbarem ausländischem Recht und internationalen Regulierungsstandards. Diese transnationale Praxis erfordert Kompetenzen, die über die Kenntnis des nationalen Rechts hinausgehen – darunter vergleichende Rechtsanalyse, Verständnis internationaler Rechtsrahmen und die Fähigkeit, sich in kollisionsrechtlichen Fragestellungen zurechtzufinden –, welche in der aktuellen juristischen Ausbildung noch unzureichend entwickelt sind.

Der Markt für professionelle Dienstleistungen hat sich parallel zur Wirtschaft globalisiert. Internationale Anwaltskanzleien etablieren sich in arabischen Wirtschaftszentren, und regionale Kanzleien expandieren über die Landesgrenzen hinaus. Diese Marktintegration birgt sowohl Chancen als auch Herausforderungen für arabische Juristen, die internationale Berufsstandards erfüllen und gleichzeitig ihre lokale Expertise bewahren müssen. Eine juristische Ausbildung, die Absolventen nicht ausreichend auf dieses wettbewerbsintensive Umfeld vorbereitet, benachteiligt sie auf dem regionalen Markt für Rechtsdienstleistungen und schränkt ihre Karrierechancen ein.

Die Globalisierung hat die Harmonisierung und den Transfer von Rechtsnormen beschleunigt, wobei arabische Rechtssysteme zunehmend internationale Rechtsstandards in Bereichen wie Handelsschiedsgerichtsbarkeit, Corporate Governance und Finanzmarktregulierung übernehmen. Diese normative Konvergenz führt dazu, dass eine rein nationale juristische Ausbildung die Realität der Rechtspraxis immer weniger adäquat abbildet, da das nationale Recht internationale Standards integriert und mit ihnen interagiert. Juristen müssen diese globalen Rahmenbedingungen verstehen, um auch in scheinbar nationalen Kontexten effektiv praktizieren zu können.

Die sprachlichen Anforderungen der globalen Rechtspraxis stellen die arabische Juristenausbildung vor besondere Herausforderungen. Englisch hat sich als Lingua franca des internationalen Wirtschaftsrechts etabliert, während Französisch in bestimmten regionalen Kontexten weiterhin Bedeutung besitzt. Die meisten arabischen Juristenausbildungen finden jedoch primär auf Arabisch statt, wodurch eine sprachliche Kluft zwischen akademischer Ausbildung und den Anforderungen der Berufspraxis entsteht. Absolventen haben oft Schwierigkeiten mit dem für die grenzüberschreitende Praxis unerlässlichen juristischen Fachenglisch oder -französisch, was ihre berufliche Mobilität und Effektivität einschränkt.

Die Globalisierung hat das Wesen des Rechtswissens grundlegend verändert. Es zirkuliert nun transnational über digitale Plattformen, internationale Publikationen und globale professionelle Netzwerke. Eine auf nationale Materialien und Perspektiven beschränkte juristische Ausbildung vermag es nicht, Studierende mit diesem globalen Diskurs zu verbinden und isoliert sie von neuen Trends, innovativen Ansätzen und vergleichenden Erkenntnissen, die ihr Rechtsverständnis und ihre Rechtspraxis bereichern könnten. Diese intellektuelle Isolation mindert die Qualität der Rechtsanalyse und die professionelle Kreativität.

Der Wettbewerbsdruck der Globalisierung zeigt sich insbesondere in der Abwanderung talentierter arabischer Juristen zu internationalen Kanzleien und Organisationen, wo sie zwar häufig an regionalen Angelegenheiten arbeiten, aber in globalen Kontexten agieren. Dies stellt zwar individuellen Erfolg dar, kann aber den nationalen Rechtssystemen die für die institutionelle Entwicklung und die Bearbeitung komplexer nationaler Angelegenheiten dringend benötigten Spitzenkräfte entziehen. Eine juristische Ausbildung, die Absolventen besser auf anspruchsvolle internationale Aufgaben vorbereitet und sie gleichzeitig mit den regionalen Entwicklungsbedürfnissen verknüpft, könnte dazu beitragen, diese Dynamik auszugleichen.

Die Globalisierung hat auch die Erwartungen der Mandanten verändert. Unternehmen und Privatpersonen fordern zunehmend Rechtsdienstleistungen, die internationalen Standards in Bezug auf Qualität, Effizienz und Professionalität entsprechen. Juristen, die in abgeschotteten Rechtssystemen ausgebildet wurden, haben Schwierigkeiten, diese gestiegenen Erwartungen zu erfüllen. Sie riskieren, Mandanten an internationale Wettbewerber zu verlieren oder Ineffizienzen bei Geschäftstransaktionen und Streitbeilegungen zu verursachen. Dieser von den Mandanten ausgehende Qualitätsdruck stellt einen starken marktwirtschaftlichen Anreiz für die Verbesserung der Ausbildung dar.

Die regulatorische Dimension der Globalisierung erfordert eine weitere Reform des Bildungswesens. Arabische Staaten beteiligen sich zunehmend an internationalen Regulierungsregimen, die Bereiche von Finanztransparenz bis hin zum Umweltschutz abdecken. Juristen müssen diese Regime verstehen, um Mandanten auf globalen Märkten beraten zu können. Die meisten juristischen Ausbildungen vermitteln jedoch nur unzureichende Kenntnisse über internationale Regulierungssysteme und deren Umsetzungsmechanismen. Diese Wissenslücke birgt Compliance-Risiken und schränkt die effektive Teilhabe an der globalen Wirtschaftspolitik ein.

Die technologische Dimension der Globalisierung durchdringt die Rechtspraxis durch den Aufstieg von Legal Process Outsourcing, automatisierten Rechtsdienstleistungen und virtuellen Anwaltskanzleien. Diese Entwicklungen stellen arabische Juristen vor neue Herausforderungen und bieten ihnen gleichzeitig neue Chancen. Sie müssen die sich wandelnden globalen Modelle der Erbringung von Rechtsdienstleistungen verstehen. Eine juristische Ausbildung, die diese Transformationen ignoriert, bereitet Absolventen nicht ausreichend auf die sich entwickelnde Rechtsbranche und ihre Rolle in den globalisierten Märkten für Rechtsdienstleistungen vor.

Aus bildungspolitischer Sicht ermöglicht die Globalisierung wertvolle internationale Partnerschaften, Studierendenaustausche und vergleichende Lernmöglichkeiten, die die arabische Rechtsausbildung bereichern könnten. Starre Lehrplanstrukturen, begrenzte institutionelle Ressourcen und veraltete pädagogische Ansätze verhindern jedoch häufig die effektive Nutzung dieser Chancen. Die Globalisierung anzunehmen bedeutet daher nicht nur, auf äußeren Druck zu reagieren, sondern aktiv globale Bildungsressourcen zu nutzen, um die lokale Rechtsausbildung zu verbessern.

Die ethische Dimension der Globalisierung stellt die juristische Ausbildung vor besondere Herausforderungen. Globalisierte Praxis erfordert häufig die Auseinandersetzung mit unterschiedlichen ethischen Traditionen, Berufsstandards und regulatorischen Erwartungen. Juristen müssen ein ethisches Urteilsvermögen entwickeln, das über einzelne Rechtsordnungen hinausreicht und gleichzeitig lokale Normen respektiert. Die gegenwärtige juristische Ausbildung bietet nur begrenzte Orientierung für diese komplexen ethischen Dilemmata und konzentriert sich überwiegend auf nationale Berufsordnungen ohne vergleichende oder transnationale Perspektive.

Die Bewältigung der Auswirkungen der Globalisierung erfordert eine umfassende Curriculumsreform, die internationale und vergleichende Perspektiven in die gesamte juristische Ausbildung integriert, anstatt sie auf spezialisierte Kurse zu beschränken. Sie erfordert eine verbesserte Sprachausbildung, insbesondere im juristischen Englisch, sowie die Entwicklung interkultureller Kompetenzen, die für eine erfolgreiche grenzüberschreitende Praxis unerlässlich sind. Zudem bedarf es pädagogischer Innovationen, die Studierende durch Technologie, Austauschprogramme und internationale Kooperationen mit globalen juristischen Diskursen und Praktiken verbinden.

Letztlich bedeutet die Vorbereitung wettbewerbsfähiger Absolventen auf globalisierte Rechtsumgebungen, die Mission der juristischen Ausbildung neu auszurichten: von der ausschließlichen Unterstützung nationaler Rechtssysteme hin zur Ausbildung von Juristen, die effektiv an der Schnittstelle zwischen lokalen und globalen Gegebenheiten agieren können. Dies bedeutet nicht, lokale Rechtstraditionen aufzugeben, sondern vielmehr, Absolventen zu befähigen, diese Traditionen in globalen Kontexten wirksam zu vertreten und gleichzeitig globale Erkenntnisse in die lokale Rechtsentwicklung einzubringen. Diese doppelte Kompetenz ist die Kernkompetenz arabischer Juristen des 21. Jahrhunderts.

Der Bedarf an wettbewerbsfähigen Absolventen geht über wirtschaftliche Erwägungen hinaus und umfasst die umfassendere Rolle von Juristen in der regionalen Entwicklung. Angesichts der komplexen Transformationsprozesse arabischer Länder – wirtschaftliche Diversifizierung, technologische Modernisierung, politische Reformen – benötigen sie Juristen, die effektive Rechtsrahmen gestalten, vorteilhafte internationale Abkommen aushandeln und glaubwürdige Institutionen aufbauen können. Eine globalisierte juristische Ausbildung, die solche Absolventen hervorbringt, stellt nicht nur eine Verbesserung der Ausbildung dar, sondern eine strategische Investition in die Zukunft der Region.

Referenzen

1. Clark, DS (Hrsg.). (2012). Rechtsvergleichung und Gesellschaft. Edward Elgar-Verlag.

2. Hill, E. (2019). Die Mobilisierung des arabischen Staates: Die Politik der juristischen Ausbildung und der juristische Aufbau Ägyptens und Marokkos. Arab Law Quarterly, 33(3), 259 292.

3. Cunningham, CD (Hrsg.). (2020). Die Globalisierung der juristischen Ausbildung: Eine kritische Studie. Oxford University Press.

4. Stacy, HM, & Lavrijssen , SA (2017). Die Zukunft der juristischen Ausbildung: Eine Vision für die nächste Generation. Journal of Legal Education, 66(3), 582–606.

5. Vogel, FE (2000). Islamisches Recht und das Rechtssystem Saudi-Arabiens: Studien zu Saudi-Arabien. Brill.

6. Barton, B., et al. (2020). Der Anwalt der Zukunft: Die Übertragung des beruflichen Wandels der Rechtsbranche in eine moderne juristische Ausbildung. Stanford Law & Policy Review, 31, 283.

7. Bernard Maugiron , N. (Hrsg.). (2008). Richter und politische Reform in Ägypten. Verlag der Amerikanischen Universität in Kairo.

8. Sullivan, GR, et al. (2021). Die zentrale Bedeutung der klinischen Juristenausbildung für die Heranbildung einer neuen Generation von Menschenrechtsanwälten: Eine Fallstudie aus dem Nahen Osten. Clinical Law Review, 28(1), 1–45.

9. Twining, W. (2009). Allgemeine Rechtswissenschaft: Recht aus globaler Perspektive verstehen. Cambridge University Press.

10. Ramadan, H. (2017). Die rechtlichen und ethischen Aspekte von medizinischen Nichtwiederbelebungsanordnungen : Eine vergleichende Studie des islamischen und westlichen Rechts. Routledge .
11. Faundez , J. (2016). Juristische Ausbildung in Entwicklungsländern: Jenseits des Modells der Pariser Juristischen Fakultät. The Law Teacher, 50(1), 92–106.
12. Blitt , RC (2021). Der Arabische Gerichtshof für Menschenrechte: Ein fehlerhaftes Statut für einen zweifelhaften Gerichtshof. European Journal of International Law, 32(1), 245 277.
13. Haddad, F. (2020). Juristische Ausbildung in der arabischen Welt: Ein Weg zu Entwicklung und Modernisierung. Arabisches Zentrum für Forschung und Politikstudien.

MIX
Papier | Fördert gute Waldnutzung
FSC® C083411

Kolibri 360 GmbH
Ferdinand-Jühlke-Straße 7
99095 Erfurt, Deutschland
produktsicherheit@kolibri360.de

Druck:
CPI Druckdienstleistungen GmbH
im Auftrag der
Kolibri 360 GmbH
Ferdinand-Jühlke-Str. 7
99095 Erfurt